淡海《おうみ》文庫
72
サンライズ出版

小谷城戦国歴史資料館 編

はじまりは小谷城

築城500年記念連続講座集

SUNRISE

郵 便 は が き

お手数ながら切手をお貼り下さい

5 2 2－0 0 0 4

滋賀県彦根市鳥居本町655－1

サンライズ出版 行

〒

■ご住所

■お名前《ふりがな》　■年齢　歳　男・女

■お電話　■ご職業

■自費出版資料を　希望する ・ 希望しない

■図書目録の送付を　希望する ・ 希望しない

サンライズ出版では、お客様のご了解を得た上で、ご記入いただいた個人情報を、今後の出版企画の参考にさせていただくとともに、愛読者名簿に登録させていただいております。名簿は、当社の刊行物、企画、催しなどのご案内のために利用し、その他の目的では一切利用いたしません（上記業務の一部を外部に委託する場合があります）。

【個人情報の取り扱いおよび開示等に関するお問い合わせ先】
サンライズ出版 編集部　TEL.0749-22-0627

■愛読者名簿に登録してよろしいですか。　□はい　□いいえ

ご記入がないものは「いいえ」として扱わせていただきます。

愛読者カード

ご購読ありがとうございました。今後の出版企画の参考にさせていただきますので、ぜひご意見をお聞かせください。なお、お答えいただきましたデータは出版企画の資料以外には使用いたしません。

●書名

●お買い求めの書店名（所在地）

●本書をお求めになった動機に○印をお付けください。

1．書店でみて　2．広告をみて（新聞・雑誌名　　　）
3．書評をみて（新聞・雑誌名　　　）
4．新刊案内をみて　5．当社ホームページをみて
6．その他（　　　）

●本書についてのご意見・ご感想

購入申込書　小社へ直接ご注文の際ご利用ください。お買上 2,000 円以上は送料無料です。

書名	（　　冊）
書名	（　　冊）
書名	（　　冊）

発刊にあたって

小谷《おだに》城は初代・浅井亮政《あざいすけまさ》が大永四年（一五二四）頃に築いたといわれています。以後、二代・久政《ひさまさ》、三代・長政《ながまさ》と約五十年間北近江を治めました。京極《きょうごく》氏家臣団から頭角を現した激動の黎明《れいめい》期、内政をよくした二代を経て、織田信長《おだのぶなが》の妹・お市《いち》の方《かた》を妻とした長政は、湖北だけでなく湖東・湖西まで勢力を広げる大躍進の後、義兄と袂《たもと》を分かちます。元亀争乱三年にわたる攻防の末、天正元年（一五七三）、小谷城は落城しました。

しかし、羽柴秀吉《はしばひでよし》にこの小谷城と旧浅井領が与えられ、北近江の統治の実権は浅井氏から秀吉へと移ります。秀吉は浅井氏によって栄えた小谷城下町の商人・職人や町人をもって自身の出世城となる長浜城と町づくりに取り掛かりました。一度は滅んだかと思われた小谷の町は長浜城下に大いに生かされ、今も共通の地名を残すなど当時の名残《なごり》を感じさせてくれます。

さて、令和五年（二〇二三）はこの落城から四五〇年、築城から五〇〇年を数える年です。これまでに小谷城跡は昭和・平成の発掘調査を経て、当時の様子や城の構造などさまざまな研究考察がなされてきました。従来唱えられていた歴史物語から、研究によって近年明らかになった事柄

小谷城築城500年記念連続講座
「はじまりは小谷城」のようす
（令和５年10月14日、長浜市立湖北文化ホール）

も数多くあります。平成十九年（二〇〇七）、小谷城跡の清《きよ》水谷《みずだに》武家屋敷跡群内に開設された当館は、「戦国大名浅井氏と小谷城」をテーマとする施設で、新たな研究成果をもとに知識を深めつつ、全国へと小谷城の魅力を発信するべく取り組んできました。

「はじまりは小谷城〜いま北近江の戦国が熱い！〜」、今回私たちが企画した小谷城築城５００年記念連続講座と現地探訪会のタイトルです。小谷から長浜へ、中世から近世へと移りゆく舞台で、「北近江の戦国時代のはじまりは、やはり小谷城である！」という熱い思いを込めています。

当館から西へ進み北陸本線と高時川《たかとき》を越えてすぐのところにある長浜市立湖北文化ホールを会場に、中井均《なかいひとし》氏（滋賀県立大学名誉教授）、太田浩司《おおたひろし》氏（淡海《おうみ》歴史文化研究所所長）、高木久史《たかぎひさし》氏（大阪経済大学経済学部教授）、小野正敏《おのまさとし》氏（福井県立一乗谷朝倉氏遺跡博物館特別館長）、著名な四人の先生方をお招きして、それぞれ六月三日、七月二十二日、八月十二日、十月十四日の四回の講座と小谷城の石垣と城下町の現地探訪会を十月二十八日と十一月十八日の二回、約五か月間にわたり開催いたしました。県内外から多くのお客様にご来場いただき、この記念すべき節目の年に皆様と一緒に知識を深め、時には笑いも交えつつ、大盛況のうちに終幕することができたと思います。

今回、これらの内容を記録として残し、より多くの皆様に活用いただけたらとの願いから、四回の講座と第四回講座に続いておこなわれたパネルディスカッションの録音をもとに先生方に加筆修正を施していただき、本書『はじまりは小谷城』を発刊することになりました。読者の方が、本書により、小谷城とその城主浅井三代の歴史に触れていただき、北近江の戦国時代の大いなる魅力を知っていただければ幸いです。

最後になりましたが、イベント開催並びに本書の作成に際し格別のご協力を賜りました講師の先生方をはじめ関係機関・関係各位に厚く御礼申し上げます。

小谷城戦国歴史資料館

目次

第4回講座　出土品から見る小谷城のくらし

―発掘調査で出土したモノから―

小野正敏

パネルディスカッション　はじまりは小谷城

―小谷城の魅力―

小野正敏・中井　均・太田浩司

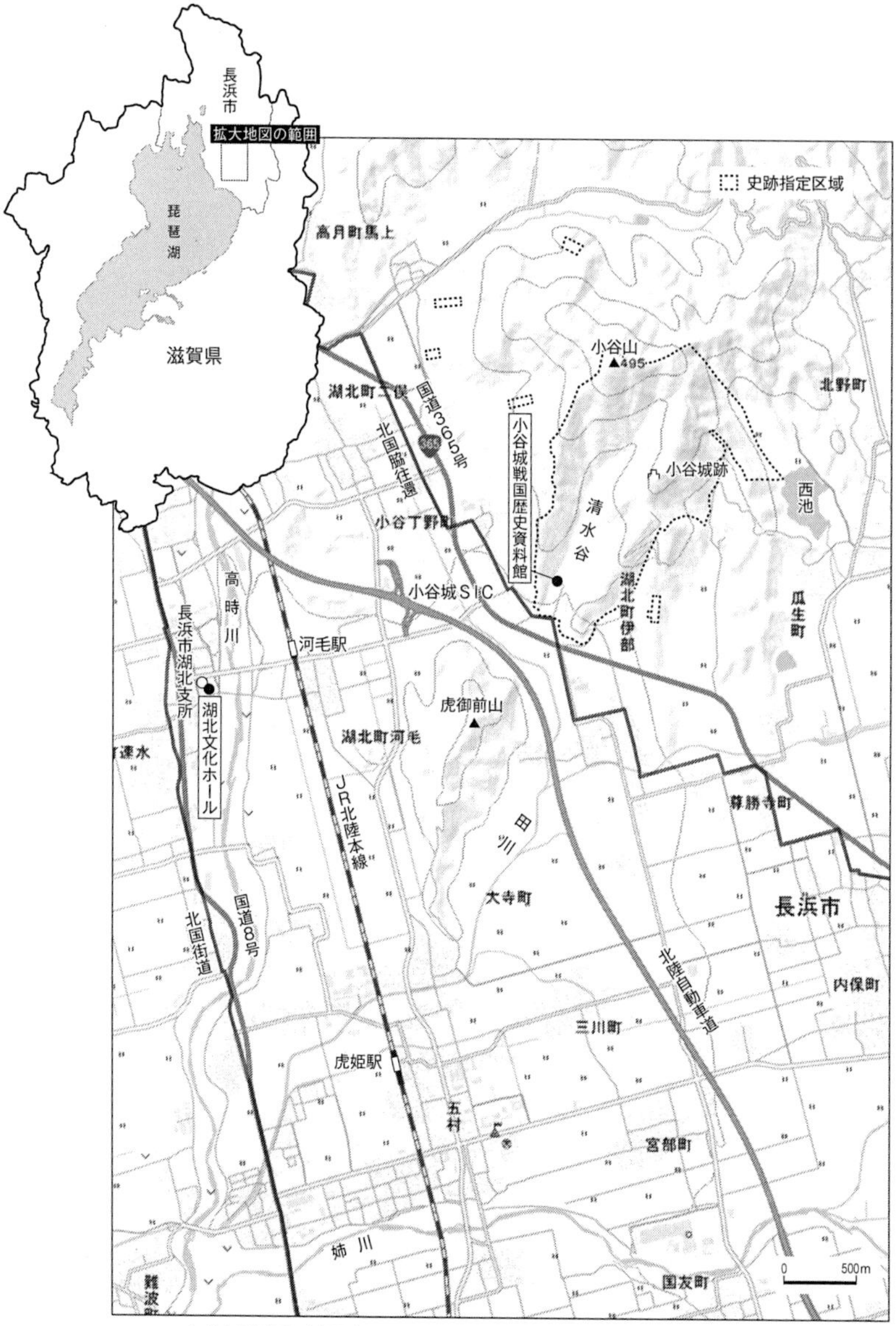

小谷城跡周辺地図（国土地理院サイト地図に文字と旧道などを追加）

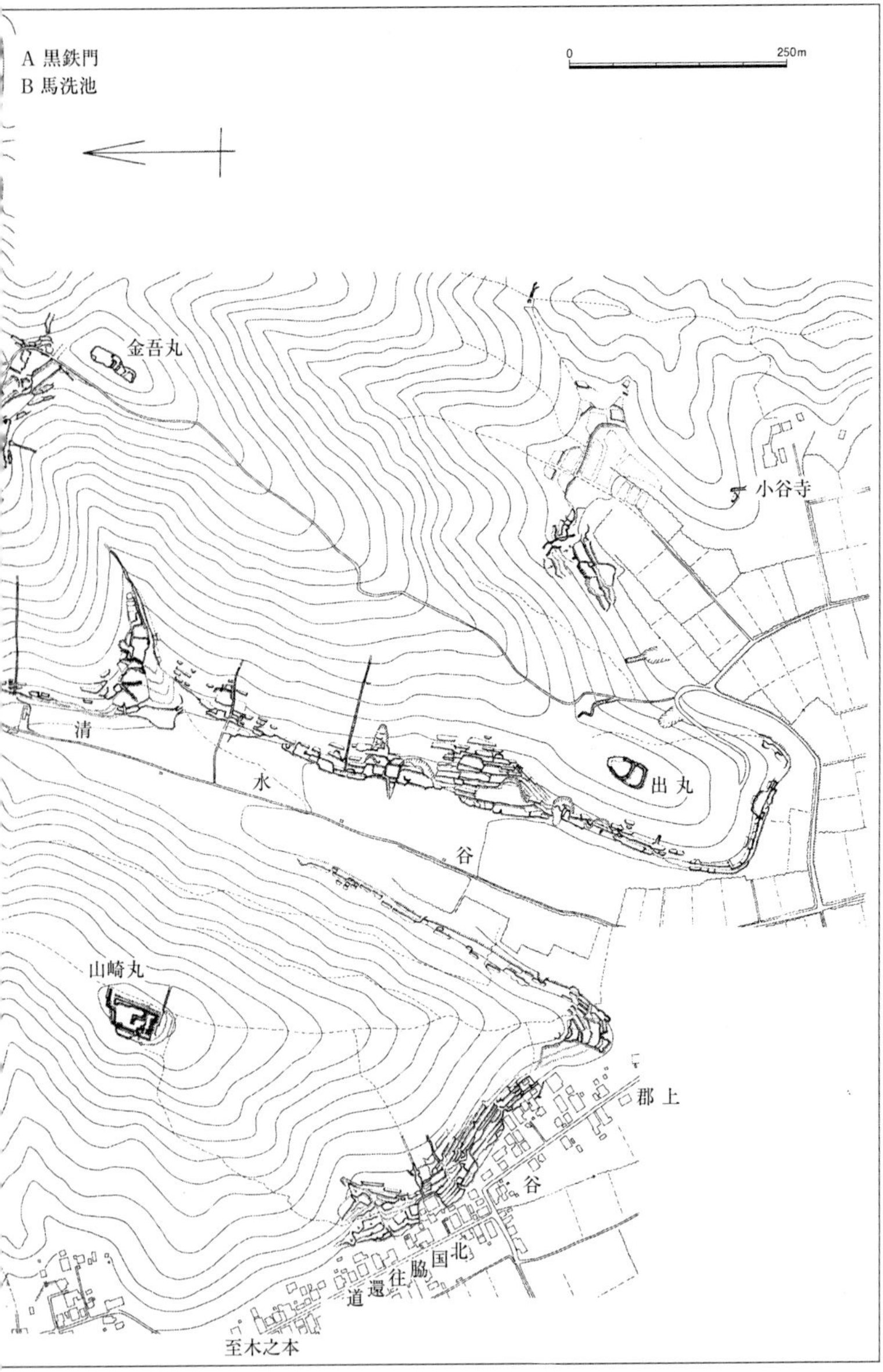
A 黒鉄門
B 馬洗池
0
250m
金吾丸
小谷寺
清
水
谷
出丸
山崎丸
郡上
谷
北国脇往還道
至木之本

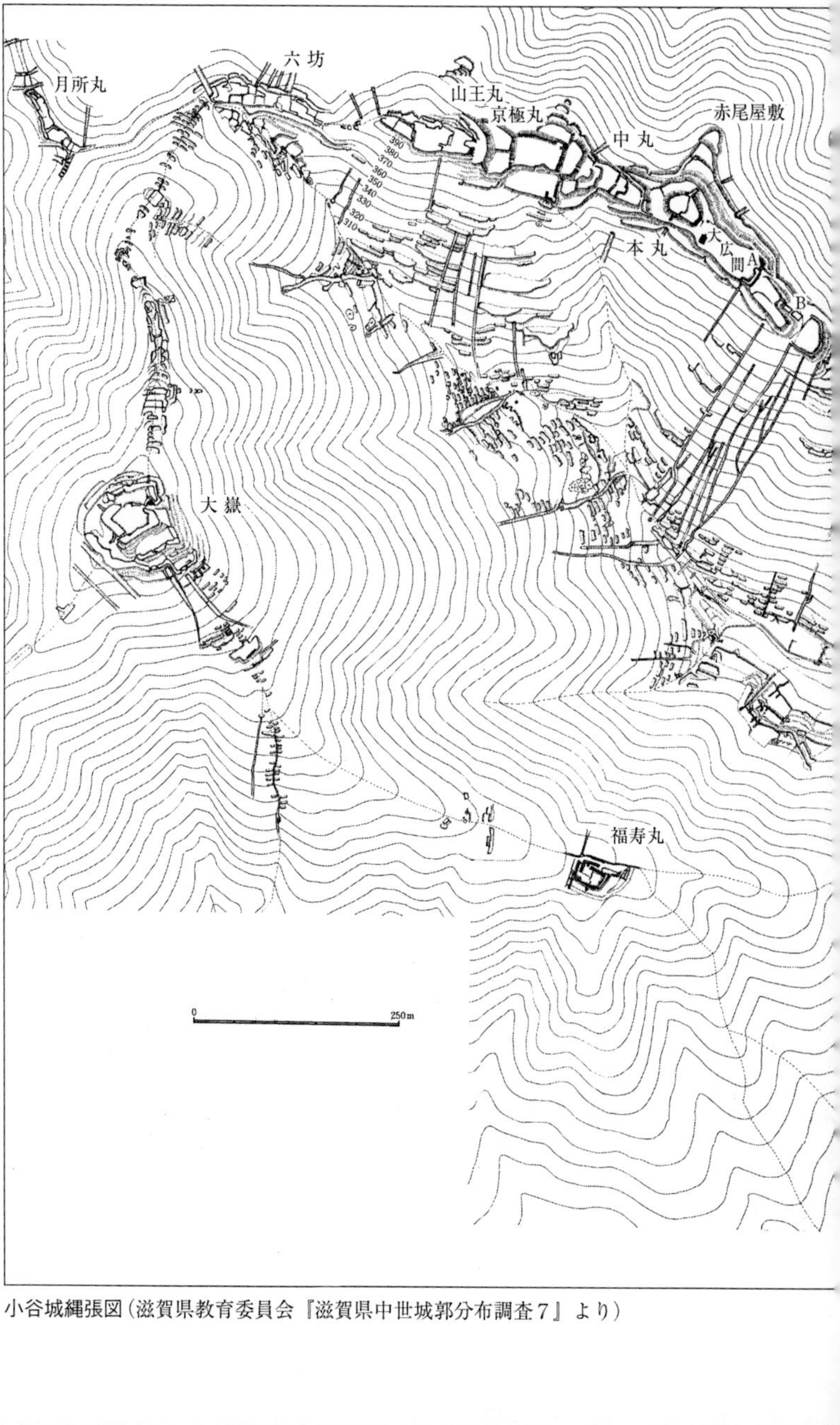

小谷城縄張図（滋賀県教育委員会『滋賀県中世城郭分布調査７』より）

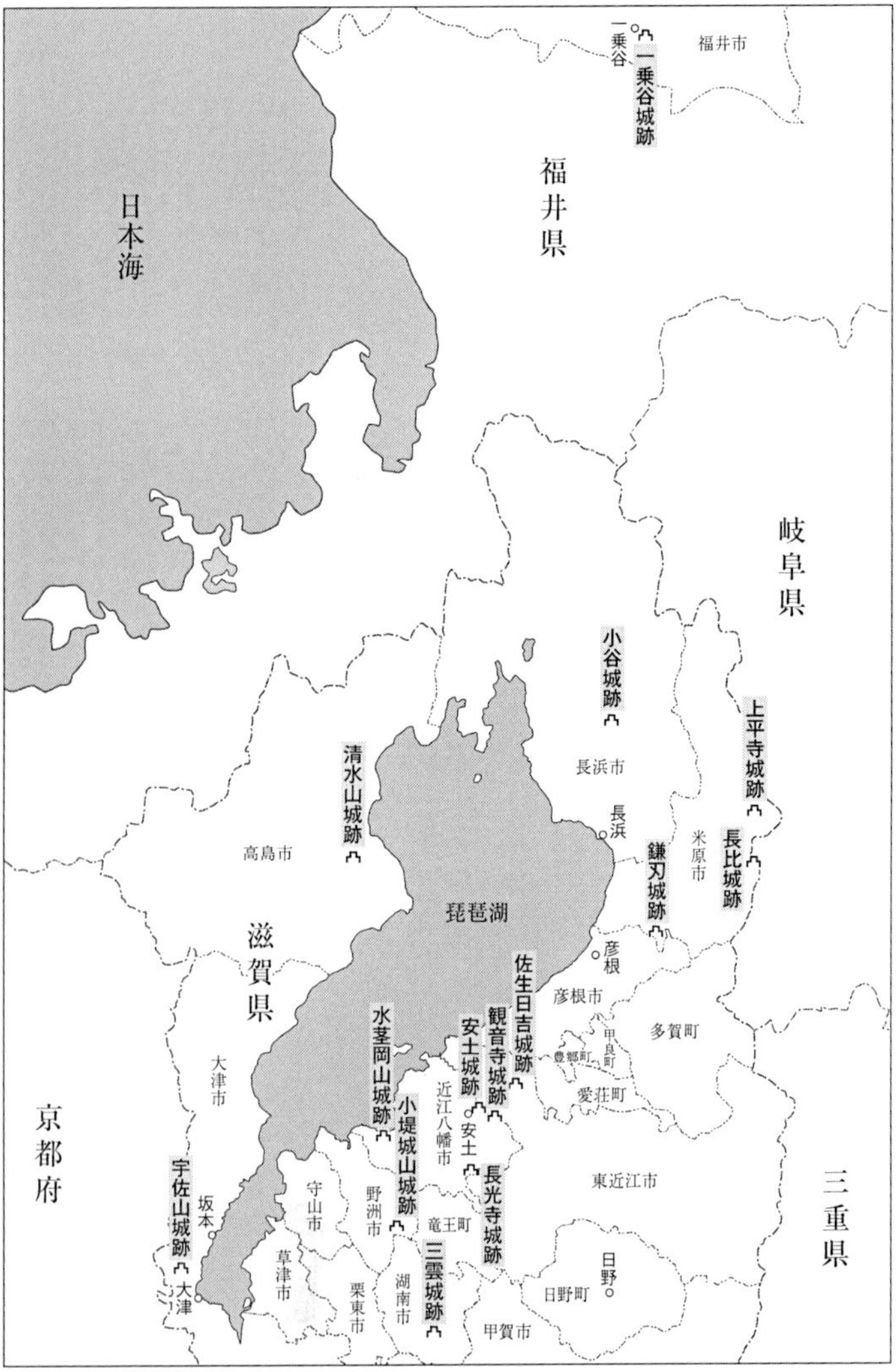

本書に登場する城跡と城下町の位置

第1回講座

京極氏から浅井氏へ
―城づくりから見る北近江の変化―

滋賀県立大学名誉教授　中井　均

1　はっきりしない築城と落城の年

中井均と申します。よろしくお願いいします。

私は年に何回か小谷城跡に登る機会があって、今年も登ると「落城450年」というのが書いてあるわけですね。よく築城何百年記念や築城何百年祭というものがありますが、「落城」ではめでたくありませんから、記念には向きません。そのため、「築城500年」ということになりました。しかし、これはじつのところ、はっきりとはわかりません。水をさすようですが、本当に五〇〇年前に作られたのかどうなのかというのは史料的には検証できません。五〇〇年前にはすでに作られていたということにしておきたいと思います。

一方で、落城も四五〇年ではありません。天正《てんしょう》元年（一五七三）つまり元亀《げんき》四年に浅井氏の小谷城は落城するのですが、その後、旧浅井領を与えられた羽柴秀吉が数年間在城していました。信長も小谷に泊まるというような記録がたびたび出てまいります。つまり、落城後、長浜城が築城されるまでの数年間は、小谷城がそのまま湖北の中心として維持・機能していたということも忘れてはなりません。

今回の連続講座のトップバッターとして、城づくりから見た北近江の変化ということで、京極氏から浅井氏への移り変わりをお話しさせていただきたいと思います。

2　小谷築城

まず小谷城の築城について、これは浅井氏が戦国大名としての独立宣言として築いた城だというふうに私は見ております。浅井氏自体が亮政《すけまさ》に始まったわけでもなく、それ以前の浅井氏および亮政は丁野《ようの》というところの屋敷に住んでいました。それが京極氏に代わって湖北の支配者となった段階で、小谷山に城を築いたのです。まさにこれは浅井氏が「戦国の雄《ゆう》」として、湖北を支配するための城だというふうに理解してよいと思います。

例えば『信長公記《しんちょうこうき》』の中には、小谷城は「高山節所の地に候間、一旦に攻め上り候事なり難く」と記されています。これは小谷城が築かれた小谷山は非常に高い山で、「節所」つまり要害なので力攻めはできないと判断され、信長は元亀元年（一五七〇）から四年までかけて包囲網で小谷城を攻め落とすわけです。私はこの「高山節所」という点が重要な意味を持っていると思っております。標高が四九五・一メートル、山麓の城下町からの高さでも三九〇メートルほどあります。例えば観音寺城跡は標高四三二・九メートル、それまで湖北を支配していた京極氏の上平寺城跡は六六九メートルというように、いずれも相当高いところに築かれていると共通して言えるわけですね。

なぜなら、彼らが領国全域を見渡せる、あるいは領民たちから見上げられる山に城を築くことを重視したのだろうと思います。戦国大名になる前、京極氏の被官であった時代の浅井氏はそうした高所に城を築く必要はありませんでした。それが京極氏や六角氏の城と並ぶ高さに城を構えたのです。それこそが支配者としての城なのだと言えるのだろうと、私には思われます。

この築城に関しては、例えば『浅井三代記』という江戸時代に編纂《へんさん》された軍記物には、永正十三年（一五一六）の築城だとしています。同時代の史料では、大永三年（一五二三）に起こった「大吉寺梅本坊の公事《くじ》」という事件の記録があります。京極氏の家臣だった下坂《しもさか》氏が作者と考えられている『江北記《ごうほくき》』に記されているものです。京極高清《たかきよ》の後継者をめぐって、次男の高佳《たかよし》（高慶）が上坂《こうざか》氏らによって擁立《ようりつ》されたことに反発して、長男の高広《たかひろ》を当主とするため小野江《おのえ》（尾上）城に立て籠もった国人《こくじん》（中世後期の在地領主）たちのグループで浅井亮政はリーダーとなります。

次に小谷の記録が出てくるのは、大永《だいえい》五年（一五二五）に南近江を拠点としていた近江国守護の六角定頼《さだより》が湖北に攻めてきた時です。越前の朝倉教景《あさくらのりかげ》が語ったことを筆録した『朝倉宗滴話記《そうてきわき》』に、「江州《ごうしゅう》北の郡大谷、七月十六日城責有之」とあります。この「大谷」は「小谷」のことで、少なくとも大永五年には、小谷城が出来上がっていたといえます。

同じく大永五年の記録として、『長享年後畿内兵乱記《ちょうきょうねんごきないへいらんき》』に、「定頼公浅（井脱カ）城大津（大嶽カ）

江発向」とあります。六角定頼が浅井の城、大嶽へ向かって出発したという意味です。この記録を信じるなら、亮政が最初に作った小谷城は、今の本丸や山王丸の場所ではなく、「大嶽」と呼ばれる一番高いところ、小谷山頂上に築かれたと考えられます。

3　山城に住む

上平寺城跡二の丸外桝形状虎口

私は小谷城跡がある意味、戦国時代の革命的な城づくりが行われた場所だと考えています。

例えば、京極氏の居城である上平寺《じょうへいじ》城跡の場合は、弥《や》高《たか》山の山麓に館を構え、頂上部分に上平寺城跡があり、居館と詰城という二元的構造を持っています。写真は二の丸の外から撮影したものですが、土橋《どばし》という土の橋が正面に写っていて、右側に二の丸の巨大な土塁《どるい》があります。

正面にも二の丸の土塁があって直進できません。ここを入ると右に折れて遠回りしないと二の丸に入れないという高度なテクニックが使われています。あるいは竪堀《たてぼり》といっ

上平寺館跡庭園

て、山頂側から山麓に向かって縦方向に堀が何本も掘られて防御線を作っております。また、入口の方、さらに高いところへ向かうところでも、防御機能として土橋を設けています。人が一人通るのがやっとぐらいで非常に狭い、つまり、攻める敵が一気に入ってこられないようにしてあるわけです。

一方、山麓にある館には、写真のように立派な庭が設けられていました。この庭の存在が重要です。これは京都の足利《あしかが》将軍邸を模倣しているわけです。足利将軍が住んでいた「花の御所」と言われているところです。今の相国寺《しょうこくじ》と同志社大学の辺りにあった足利義満《よしみつ》が構えた屋敷で、東西一町、南北二町の広大な敷地が築地塀《ついじべい》に囲まれていました。例えば狩野永徳《かのうえいとく》が描いた「洛中《らくちゅう》洛外図屏風《らくがいずびょうぶ》」（米沢市上杉博物館蔵）を見ますと、将軍邸では屋敷の三分の一から四分の一を庭が占めています。

さらに将軍の直属の重臣である管領細川《かんれいほそかわ》氏の屋敷もこの「洛中洛外図屏風」を見ると、敷地の三分の一から四分の一が庭になっています。このことからも、京都において将軍邸や管領邸で庭は非常に重要な要素だったということが見てとれます。こうした京都の将軍邸のあり方を、全国の守護が模倣します。

北近江の守護であった京極氏も、その領国における自分の屋敷に大きな庭を設けました。この上平寺館跡の大きな特徴は、発掘せずに現地で今も庭を見ることができるという点です。越前一乗谷の朝倉氏館跡でも発掘調査によって庭が見つかっています。あるいは周防《すおう》（山口県東部）の守護であった大内《おおうち》氏館跡でも発掘調査によって庭が検出されました。庭をもつ上平寺館跡は五百年前の姿そのものを今も伝えてくれているわけです。こういった二元的構造は、おそらく山麓は政治と生活の場であり、山上は戦の場であるとする考えによるもの思います。

では、小谷城跡はどうでしょうか。小谷城跡でも、「清水谷《きよみずだに》」と呼ばれる山麓の谷部分に浅井氏の居館が構えられています。一方、山上の城の部分にも大広間とされる場所があり、昭和四十五年（一九七〇）の発掘調査で巨大な礎石の建物跡が見つかりました。ここからは三万点を超える遺物も出土しており、山上の城も日常的に生活の場となっていたことが判明しました。これはとても重要な発見だったと思います。長く、私自身もその重要性に気づいていませんでした。

近年、戦国時代後半の城の発掘調査が各地で進みました。滋賀県でいえば、高島市にある清水《しみず》山《やま》城という城が発掘調査され、山上の本丸から礎石建物跡が見つかりました。どうやら、ここでも山上で生活していたことが明らかになったわけです。

あるいは福井県の一乗谷の場合も、山麓の義景館跡などがある城下町の背後の山に一乗谷城という山城が構えられていました。まだ発掘調査はされていませんが、現地には方形の土塁で区画された場所がいくつもあり、山城が生活の場となっていた可能性が非常に高いと思われます。

それ以前の段階にあたる上平寺城跡では、公的なものと私的なものの両方が山麓の上平寺館で行われていたのだろうと思います。それが戦国時代の後半になってくると、山城は単なる戦の場だけではなくて生活する場になりました。小谷城跡の場合、公的なものは清水谷の屋敷で行い、私的な、例えば浅井三姉妹が暮らしていたのも山城の部分ではなかったかと、私は考えています。

そして、高島市の清水山城跡や福井市の一乗谷城跡でもそうだっただろうと推測しています。さらに、もう一歩進むと、例えば三好長慶《みよしながよし》という戦国武将が構えた大阪の芥川《あくたがわ》城跡や飯盛《いいもり》城跡でも、山上の発掘で見事な礎石建物が検出されています。これまで山城は戦いの場だと私も言ってきましたが、戦国時代後半になってくると、山城も文書を発給したり、裁判の調停をしたりする政治の場になったのではないか。また、長慶は飯盛山の山頂で「飯盛千句」という連歌《れんが》を詠んでいるように、山上が「文化の場」にもなっていました。

政治と文化の場が山麓から山城に移っていったことが、上平寺城跡、小谷城跡、飯盛城跡の姿を追うなかで、見えてくるように思います。

さらに、最新の情報を加えると、岐阜県郡上《ぐじょう》市にある篠脇《しのわき》城跡という山城の発掘が現在進んでおり、山上から庭園跡が検出されました。同じく岐阜県で、美濃守護であった土岐《とき》氏の本城であった大桑城《おおが》（山県市《やまがた》）跡も現在発掘中ですが、山上から庭園跡が見つかりました。つまり、山麓の館に設けられていた庭園すら、戦国時代の後半になると山城に構えられるようになったということです。

そういう意味で、小谷城跡はちょうどその中間といえます。山麓の館が政治の場であり、山城は私的な生活を営む場だったのではないでしょうか。

4　元亀三年の改修

私が最近、小谷城跡に関して興味を持っているのは、元亀三年（一五七二）に行われた改修についてです。織田信長が攻めてきて籠城戦を行うわけですけれども、『信長公記』の元亀三年七月の条に、「朝倉左京大夫義景、人数一万五千ばかりにて、七月廿九日、浅井居城大谷（小谷）へ参着候。然りといへども、此表の為躰《ていたらく》見及び、抱へ難く存知、高山大づくへ取上り居陣なり」と記されています。つまり、朝倉義景が一万五千人の兵を連れて援軍に来て、七月二十九日に浅井氏の小谷城へ到着した。ところが、その小谷城の構えを見て義景は「ていたらく」、これは今の言葉とはちょっと意味合いが違って、「様子」という意味でいいと思います。この表の様子を見て、

「抱へ難い」つまり、守りきれないと判断し、一番高い大嶽《おおずく》へ行って陣を構えた、というのです。

現在見られる大嶽の土塁あるいは堀切、竪堀というのは浅井亮政による築城段階のものではなく、この元亀三年に朝倉義景が改修したものだというふうに私は見ています。もう一つ、大嶽から西側で南の方に伸びていく尾根があります。ちょうど郡上の上の方です。この尾根の上には福《ふく》寿《じゅ》丸と山崎《やまざき》丸という曲輪《くるわ》が構えられています。この福寿丸と山崎丸というのは小谷城跡の中でも異彩を放っており、直角に折り曲げて横矢がかかる土塁に囲まれ、横堀をめぐらせています。非常にコンパクトな城を二つ作っている形です。出丸というふうに考えてもらってもよいと思います。また、尾根筋の東側、つまり清水谷の方には竪堀も構えられています。さらに、城の出入口となる虎口は桝形という直進させない構造になっています。この福寿丸と山崎丸は、まさに戦国時代後半のコンパクトにまとまった縄張り構造を持っているのです。私は小谷城跡の中で、最も発達した城郭構造だというふうに評価しています。

『信長公記』の記述どおり、元亀三年にやってきた朝倉義景が、大嶽に陣を張り、その大嶽の手前の南に伸びる尾根にこの福寿丸と山崎丸を構えたのだろうと見ています。

それはまさに信長との戦いに備えて、それまで清水谷の西側の尾根にはまったく城郭施設がなく、自然の尾根で清水谷を守っていたものに、義景は人工的な当時最も発達した縄張りの城を二つ構えたというふうに見ています。

さらに、この出丸の名称の由来には、以下のような伝承があります。まず、福寿丸の由来は、朝倉義景の家臣・木村福寿庵が守備していたためだと伝えられています。山崎丸は同じく朝倉義景の家臣・山崎吉家《よしいえ》が守備していたことから、この名で呼ばれたということです。

もう一つ、実は元亀の改修だろうとみられるのが、月所《げっしょ》丸というところです。この月所丸跡というのは、小谷山が唯一尾根続きとなる北東尾根に構えられた出丸で、尾根筋に「コ」の字状に配置された巨大な土塁と尾根筋を切断する巨大な二重の掘切があり、こうした特徴は小谷城の中でやはり異彩を放っています。じつは私が小谷城の中で最も好きな場所であり、迫りくる敵を防ごうという緊張感というのが感じられるように思います。

ここは先ほどの福寿丸や山崎丸のように横堀を回すものでもなく、土塁に折もないので、福寿丸や山崎丸よりも少し時代が古く、元亀元年頃の造築ではないかと、私は考えています。『信長公記』の元亀元年（一五七〇）六月条には、「然処《しかるところ》、朝倉孫三郎後巻《うしろまき》として八千ばかりにて罷立ち、大谷の東をより山と中候て、東西へ長き山あり、彼山に陣取るなり。同浅井備前人数五千ばかり相加り、都合一万三千の人数」と書いてあります。ここで姉川の合戦が起こるわけですが、その時に小谷城も増築して、月所丸などが作られたのではないでしょうか。このように、小谷城が最終的な姿になるにあたっては、朝倉氏の手による増・改築も大きな役割を果たしたわけです。

5　小谷城の石垣

続いてお話しするのは、本日のメインとなる石垣についてです。今回の講演の依頼を最初にいただいた際、「小谷城の石垣について話してほしい」とのことでした。私もそのつもりで講演内容を考えてみたのですが、残念ながら、正面から上平寺城跡はこうだ。一方の小谷城跡はこうだということが言えません。なぜかというと、現在の上平寺城跡が決して京極高清が作った上平寺城の姿を残しているものではないからです。

『信長公記』の元亀元年（一五七〇）六月の条に「去程《さるほど》に、浅井備前越前衆を呼越し、たけくらべ・かりやす両所に要害を構へ候」という一文が出てまいります。「たけくらべ・かりやす」というのは、前者は野瀬山に築かれた長比《たけくらべ》城跡、後者が上平寺城跡で、別名苅安《かりやす》城とも呼ばれていました。越前衆つまり朝倉氏を呼んで要害を構えたわけです。現存する上平寺城跡の遺構は京極氏時代のものではなく、この元亀元年の浅井長政による改修を受けたものと考えられます。ですから、その後の上平寺城跡の遺構で小谷城跡とはこう違うんだという比較はできないのです。

一点だけ大きな違いは認められます。それは小谷城跡には石垣が用いられ、上平寺城跡には用いられていないということです。その前の京極時代に石垣が使われていたら、石垣の痕跡があるはずですが、現在の上平寺城跡にはまったく石垣がありません。少なくとも京極氏時代にも石垣がなかったということは間違いなく言えるわけです。このことから、湖北で石垣を用いた始まりというのは小谷城跡だと言ってもいいわけです。

戦国時代の後半になりますと、日本列島では石垣が導入されるようになります。今のところ最も古いのは、十五世紀の後半から十六世紀の前半にかけての石垣が発掘調査で見つかっているところがあります。およそ長野県の松本市ぐらいを東限にして、そこから西側には背面に栗石を用いない、単に石だけを積んだ石積みが出てまいります。

不思議なことに、長野県から東はまったく石積みを使わず、土だけで戦国時代を終えます。もっと極端なことを言うと、近世（江戸時代）になっても東北の城は基本的に土で作るもので石垣を用いていません。西では石垣が十六世紀の前半には導入されてくるわけですが、それらをよく見ていきますと、部分的な導入です。中心部分だけを石垣にしたりするわけです。虎口の部分だけに石を張って見せようとしている例が西日本でも圧倒的に多いわけです。

ところが、小谷城跡の石垣を見ていきますと、山王丸、小丸、京極丸、中の丸、本丸、大広間、桜馬場、馬屋、御茶屋、赤尾屋敷とその周辺の曲輪には石垣が点々と認められます。おそらくこれは亮政が大嶽に城を築いた後、久政や長政の時代に築かれた場所であり、この頃に小谷城跡で石垣が用いられるようになったことを示しています。

もう一つ言えるのは、先ほど少しお話ししましたように、元亀元年あるいは元亀三年に朝倉氏が来て小谷城を改修したところ、福寿丸、山崎丸あるいは月所丸、大嶽といったところでは石垣が認められません。

小谷城跡黒鉄門石垣

現在、小谷城跡で石垣があるところは、三代長政の作ったエリアと考えていいのではないかと思います。朝倉氏も石垣を築く技術を持っていたことは一乗谷などで確認できるのですが、義景がやってきて、小谷城を改修したのは、緊急に織田信長に対処するためですから、石垣ではなく土造りの城として改修したのでしょう。ですから今、小谷城跡で石垣と呼ばれるようなところはすべて浅井氏によって作られたと考えたいと思います。

次の写真は、桜馬場から大広間に入るところにある黒鉄《くろがね》門の石垣です。ご覧のように、一メートルから一メートル五〇センチくらいの巨石を用いています。これは黒鉄門こそが小谷城の中枢部への入口だということを示しているわけです。その後の近世の城である大坂城跡や江戸城跡、名

小谷城跡黒鉄門石垣の巨石

古屋城跡の場合も、一番の巨石は正面の門を入ったところに使われており、「鏡石《かがみいし》」と呼ばれます。安土城跡もそうで、現在「大手道」と呼ばれている直線の登城道を上がっていきますと、両側に家臣の屋敷地などが並ぶところでは、それほど大きい石は使われておらず、黒鉄門という門の内側から石垣には巨石が使われるようになっています。

同じように小谷城跡も黒鉄門に行くまでには、桜馬場があったり、馬屋があったり、御茶屋があったりしますが、そこはまだ中枢ではないわけです。この黒鉄門からが本当の城なのだということを示しているのだと思います。

もう一つ注意しておきたい点は、黒鉄門の両側には石がゴロゴロしています。これはもともと石垣に使われていた石材を壊したもので、破城の痕跡が残されているのだと思います。小谷の落城後、建物は解体され、石垣は潰されました。

誰が潰したのかというと、羽柴秀吉《はしばひでよし》です。秀吉が新しい城を長浜に作ることによって、これからの湖北の中心は長浜になる。それまで湖北の中心であった小谷城は、私が潰しましたというのを見せるために、破城、「城割り」とも呼ばれる行為がおこなわれました。

小谷城跡黒鉄門石垣に見られる破城の痕跡

余談ではありますが、天正元年（一五七三）の落城で小谷城は焼けたわけでは決してありません。黒鉄門を入ったところに大広間と呼ばれる小谷城跡で最も広い曲輪があります。昭和四十五年（一九七〇）の発掘調査で礎石建物跡が検出されていますが、焼けた痕跡はありませんでした。攻め上がってきた秀吉は火をつけていなかったのです。木材だけでなく、当然、土も焼けて、焼土が見つかるはずです。また、出土した遺物の中には中国から渡ってきた磁器がありますので、火があたっていれば釉薬《うわぐすり》が溶ける、専門的には二次焼成の跡が残るはずなのですが、発掘された遺物からは、そうした痕跡は一切見つかっていません。

さらに余談ですが、平成二十三年（二〇一一）、私が長浜城歴史博物館の館長をしている時に、当時同館の学芸員をなさっていた太田浩司《おおたひろし》さんがＮＨＫ大河ドラマ「江《ごう》　姫たちの戦国」の時代考証スタッフを小和田哲男《おわだてつお》先生のもとで務めておられました。このドラマの第一回で落城した小谷城は燃えていたわけです。

放映翌日は月曜日ですが、長浜城歴史博物館は休館日ではないので、出勤してきた太田さんの首を締め上げて、「お前は何をしているのや」と言ったのですが、太田さんは「あんなもんドラマじゃないですか。ノンフィクションではないですよ。当然、小和田先生も、あそこは燃えてないとおっしゃいました。でも、それを採用するかどうかは、ＮＨＫのディレクター側の判断次第です」と。燃えてない小谷城をバックにお市《いち》が三姉妹を抱きしめている姿では絵にならないので、「ちょっとだけ燃やしたい」というのでケリつけたら、盛大に燃えていたそうです。くり返しますが、実際は燃えておりません。

現在、日本では多くのお城の発掘調査が行われております。その中には確かに焼土が出てきたり、礎石に燃えた痕跡があったり、遺物に二次焼成が認められる例もあります。ただし、そうした例はものすごく少なく、ほとんどの城は燃えていません。

石垣が潰されるとともに、建物はすべて解体され使える柱などの木材は長浜城に運ばれたりしたのだろうと思います。

もう一つ注目しておきたいのは、石垣の石材の大きさについてです。私は昔から城の写真に人間が入るのがすごく嫌で、有名なお城へ行ったら観光客の姿が入らない瞬間を一時間でも二時間でも待って写真を撮っていました。ようやく最近になって、石垣の石材の大きさを比較するのに人間が必要だと思うようになりました。妻と一緒に旅行に行ったときは物差し代わりに「ちょっと、後ろを向いてくれ」と言って、写り込んでもらうようにしています。

写真の本丸跡石垣に用いられている石は、だいたい人頭大から少し大きいくらいですね。先ほどの黒鉄門の石垣には一・五メートルくらいある石もありましたので、本丸にこんな小さな石をなぜ積んでいるのかと思ってしまいますが、こうした点はこれまでほとんど分析されてきませんでした。

私自身は、ここは本丸ではないと思っています。これは、小谷城跡の奇妙な点でもあるのですが、普通の方は本丸を見学したらだいたい帰りますが、城好きな方は本丸よりさらに背後に行きます。さらに登っていくと、中丸《なかのまる》、京極丸、小丸、山王丸まで、延々と曲輪が続いています。山城の場合は、山頂が本丸のはずですが、小谷城跡は低い場所が本丸とされているのです。

これは非常に不思議なことです。なぜ、この場所が本丸とされているかといえば、江戸時代に描かれた小谷城跡の古城絵図、彦根城博物館の井伊家文書の中にあるものなど、いくつかの古絵図に「本丸」と記してあるからです。

つまり、浅井氏の時代に描かれた絵図というものはないわけです。ですから、浅井氏の小谷城でここが本丸と呼ばれていたかどうかは実はわかりません。落城から一〇〇年以上たってから描かれた絵図に、江戸時代の人間が一番広い曲輪だから「大広間」として、その後ろだから「本丸」だと、推測に推測を重ねた可能性もあるわけです。

一番典型的なのは桜馬場《さくらのばば》で、馬をあそこで調教したと言うのですが、発掘すると礎石の建物が出てきており、馬なんか調教できません。「馬洗池《うまあらいいけ》」という場所もありますが、おそらく馬はあそこまでは上がっていません。馬が上がれないところに築くのが山城なので、上がられたらどうしようもないわけです。小谷城の場合、山麓の清水谷に馬をつないで徒歩で上がっているはずです。

ところが、平地に築かれた平城になれた江戸時代の人は城には必ず馬場がある。馬場の近くにちょうど池があったので、ここは馬洗池にしよう。似たものとして、京極丸に行くところに「刀洗池《かたなあらいいけ》」という場所もあります。

私は石垣の石材の大きさからしても、ここは本丸ではないだろうと考えています。では、本丸はどこなのかというと、これは後で写真を見てもらいますが、黒鉄門以上に大きな石材を使っているのは山王丸です。山王丸は大嶽から一旦降りてきた、この本丸エリアの尾根筋では最も高いところです。山王丸から北へ行くと六坊の方に下がっていきます。

では、一般に「本丸」とされている場所は何だったのか。江戸時代の絵図の一つに、とてもおもしろいことが書かれているものがあります。彦根城博物館所蔵の井伊家文書の中の「江陽《ごうよう》浅井郡小谷山古城図」という絵図に、「本丸」と書いて「鐘の丸とも言う」と書かれています。「鐘」は打ち鳴らす「鐘」のことで、私はここに鐘撞《かねつき》堂があったのではないかと考えています。何か緊急事態や特定のことを鐘で知らせる施設が建っていたのです。

江陽浅井郡小谷山古城圖
浅井備前守藤原亮政永正十三年八月廿三日挙義兵
同年於此山始築一城居之同息下野守久政同息
備前守長政々々迄三代之間居之
天正元年九月朔日為織田信長公落城云々

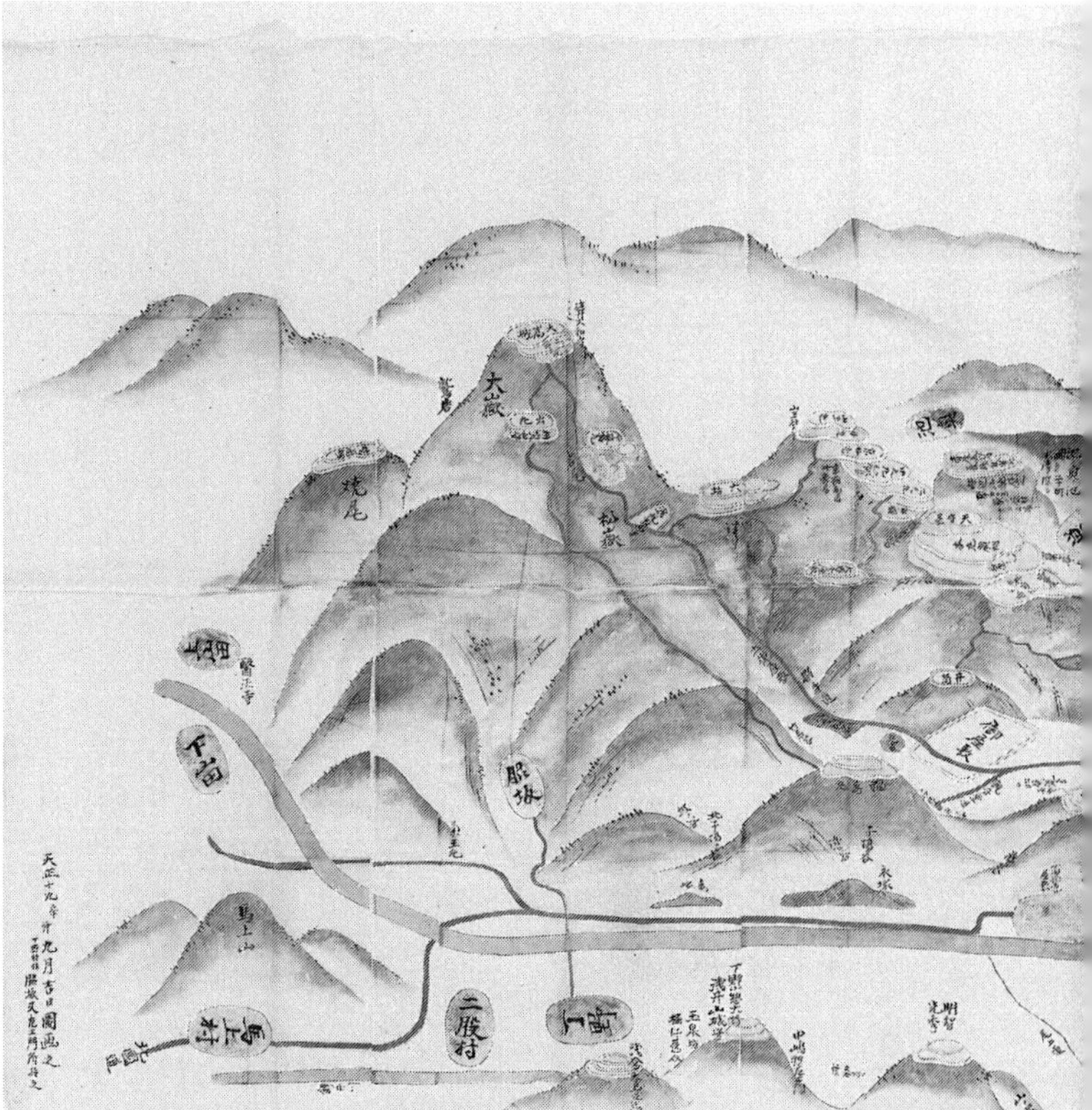

重要文化財「江陽浅井郡小谷山古城図」
（彦根城博物館蔵　画像提供：彦根城博物館／ DNPartcom）

それからもう一つ、これは小谷城跡の中でも最も不思議なところですが、京極丸の西側一段下の曲輪に行くと、石材を積んだL字状の石塁が残っています。L字状というのは枡形《ますがた》です。つまり、直進させないための門が京極丸に残っています。現在の小谷城跡で、桝形のような高度な虎口を持っているのはこの京極丸だけです。ひょっとすると、浅井氏時代ではなく、秀吉時代に付け加えられたものである可能性もあります。

小谷城跡山王丸虎口部分の破城の痕跡

そして、その後ろの山王丸の石垣には一・五メートルぐらいの巨石が使われています。ここでも天端部分が全部崩されていますので、今残されている石垣のおそらく倍ほどの高さだったと見てよいかと思います。写真は山王丸の虎口の部分です。門にあたりますが、石垣が作られていたものが徹底的に破壊されて埋められた状態が現状だと思います。

これとまったく同じ状態が米原市の鎌刃《かまは》城跡で見つかっています。私は平成十年（一九九八）から平成十四年までの五年間、当時の米原町教育委員会で鎌刃城跡の発掘調査を行いました。本丸に入る虎口の部分と北端にある虎口の部

小谷城跡山王丸「大石垣」の隅部

小谷城跡山王丸の「大石垣」

分を発掘しますと、ゴロゴロと石が出てきました。その石を除去すると、石の階段が出てきて門の柱の礎石が出てきた。つまり、周辺の石垣はすべて破壊され、埋められていたことが確認できたわけです。破城を一番徹底的にやるのは門の部分です。小谷城跡でも黒鉄門のところがかなり破壊されています。巨石を用いて、威厳を見せつけるための門は徹底的に潰す対象となったわけです。

ただ、おもしろいことに、山王丸をぐるっと東の方に向かっていきますと、「大石垣」と呼ばれる石垣が残っています。昔はこんなところまで行く人がおらず、誰も知らなかったような場所です。おそらく東側だと下からは見えないので、破城も手抜きになったではないでしょうか。ですから、奇跡的に七、八段の石垣が残っています。ここは大変おもしろいことに隅角石《すみかどいし》が残っています。

ちゃんと、長辺、短辺、長辺、短辺、長辺、短辺という規則正しい算木《さんぎ》積みになっていることもわかります。完成形態というほど整ってはいませんが、ほぼ算木積みに近いことはしています。安土城跡の石垣などは、算木積みが完成しています。こうした石垣の姿からも、時代的には天正の前半からさらにさかのぼって、元亀年間ぐらいに作られたのではないかというのが見て取れるわけですね。

さらに、もう一つ、小谷城跡で注目したいのは「赤尾《あかお》屋敷」という場所です。ここにも石垣が残されています。つまり、どういうことかといえば、清水谷をはさんだ向かいの福寿丸や山崎丸のように元亀三年ごろに朝倉氏が改修したところを除いて、小谷城はほぼ全域が石垣の城だったということです。まだ露頭していない、土砂に埋もれている

小谷城跡赤尾屋敷石垣

箇所もあるかもしれませんので、さらに石垣の部分は増える可能性があります。

この結論は、戦国時代の山城のイメージをかなり変えるものだと思います。確かに、戦国時代の山城に石垣は導入されますが、大半は虎口や櫓台など、きわめて部分的な用いられ方と考えられてきました。

小谷城跡の石材で、もう一点見ていただきたいのは、写真に示した大広間に点々と残っている

石です。これは福井市の足羽山《あすわ》で採れる笏谷石《しゃくだにいし》という石です。この線みたいに見えているのはノミの痕跡です。このようにノミで加工された笏谷石が本丸には散乱しています。昭和四十五年（一九七〇）の発掘調査でも、この笏谷石はたくさん見つかっています。玄関などの石敷にしたり、建物の棟の部分に使われたりしています。これも小谷城の石の文化の特徴の一つです。

中心部分だけではなくて、もう一つおもしろいのは清水谷を上がっていくと、ちょうど中腹ぐらいに三田村《みたむら》屋敷と大野木《おおのぎ》屋敷という場所があります。これは、ともに浅井氏家臣で、長浜市三田町に館跡がある三田村氏と、米原市大野木の領主だった大野木氏が小谷城に詰めた時の屋敷の跡だとされる場所です。大野木屋敷には巨石を使った見事な石垣が二段にわたって積まれています。

ノミの痕跡が残る大広間跡の笏谷石

小谷城跡大野木屋敷石垣

写真は側面から見たものです。

清水谷にあった家臣の屋敷地にも石垣で作られたところがあったことになります。

6　近江における石垣・石積み

では、こうした小谷城跡の石垣をもう少し広い視野で見ておきたいと思います。私自身もかつて、近江では戦国時代の山城の多くに石垣が用いられていると思っておりました。近江の守護大名六角氏の居城である観音寺城が石垣作りの城なので、近江は石垣の先進地だということを私自身も言っておりました。

これを、この場を借りて少し補足しておきたいと思います。近江は先進地ではありますが、石垣を多用はしていません。近江国で城に石垣あるいは石積みを用いていたのは、湖北では小谷城と鎌刃城の二つのみです。他の山城では石垣は見つかっておりません。湖東・湖南の場合も、水茎岡山城、観音寺城、佐生日吉城《さそうひよし》、長光寺城《ちょうこうじ》(近江八幡市)、小堤城山城《こづつみしろやま》(野洲市)、三雲城《みくも》(湖南市)の六か所ぐらいしかないです。

山城と平城を合わせれば、滋賀県がかつて調査した段階では近江には一三〇〇か所に城跡があるということが確認されています。そのうち石垣を用いているのは八か所でしかないとすれば、多用していたとするには厳しいものがあります。

例えばお隣の岐阜県の場合、美濃・飛騨の両方で、たくさんの山城で石積みや石垣が発見されています。あるいは備前・播磨でもたくさん確認されています。

近江の八か所というのは、もちろん織田信長が入ってくるまでの石垣です。信長が近江に入ってきてからは、元亀元年に宇佐山《うさやま》城（大津市）で石垣が築かれ、もちろん安土城も石垣で築かれ、長浜城、坂本城、大溝《おおみぞ》城と琵琶湖のまわりの要所に石垣の城が築かれていきました。

しかし、戦国時代に限って言えば、おそらく近畿地方の中で近江が最も石垣のある城の分布数が少ないと考えられます。

一方で、先進地であるというのは、石垣の積み方、あるいは石材の大きさなど、技術的な面で当時の最先端を近江では採用していただろうと思います。以下では、この点を見てまいりたいと思います。

例えば、写真は発掘調査で検出された鎌刃城跡の石垣です。鎌刃城でも破城が行われていたようで、私が平成十年（一九九八）に発掘調査をするまで石垣はほとんど認められず、土造りの城だとされていました。ところが、実際に発

鎌刃城跡の発掘調査で検出された石垣

掘をしてみると、土の中からこうした石垣が出てきたわけです。この鎌刃城跡の石垣というのはとても特徴的で、おもしろいのは、石と石の間に隙間がすごくあります。石材と石材が接合していないのです。では、どうして積み上げているのかと申しますと、石と石の間に粘性の強い粘土を詰め込んで石を積み上げていたことがわかりました。

本来は石材と石材のどこか一か所は接合させて隙間には間詰石という石を詰めていく、というのが戦国時代以来の石垣の石の積み方だったわけです。ところが、鎌刃城跡は粘土を入れることによって接着剤にして積み上げていました。こうした工法は他では見当たりません。なぜなら、粘土を詰めてしまうと水の抜け道がないので、大雨の時などに一気に崩れるかもしれないからです。ですから、これは石垣をどう作るか試行錯誤していた期間の過渡的な工法であった可能性があります。

もう一つ特徴的なのは、写真の真ん中よりもやや左側に大きい石を縦に一列積んでいることです。これは積みはじめの基準線のように見えます。古墳の葺き石でも見られるのですが、どこからどこまでを誰が担当するかわかるように基準線を設けたのではないでしょうか。そうした工程がうかがえる遺構です。

これらの石垣は発掘によって見つかったのですが、現在でも露頭している石垣も含めて石材には地元で採れる石灰岩を用い、野面《のづら》に積んでいます。

このように、湖北で二か所だけの小谷城跡と鎌刃城跡を比べても、石垣の積み方はまったく異なります。小谷城の場合は、浅井氏のオリジナリティを示す石垣だと考えてよいと思います。同様に鎌刃城跡は、堀氏という戦国領主のオリジナリティが出ています。

次の写真は、観音寺城跡の石垣です。近づいてみると、矢穴《やあな》の入っているのがわかります。これはクサビの跡で、歯形のような部分が三つ認められます。つまり、小谷城跡や鎌刃城跡では認められなかった矢穴技法という石を割る技術が、この観音寺城跡の石垣には使われています。自然の石を野面積みしている小谷城跡や鎌刃城跡とは異なります。

さらに観音寺城跡の石垣の石で注目したいのは、右下に矢穴が一つあります。それから一番左側の斜め上のところにも矢穴が一つあります。違う方向に矢穴を入れる技法を回転矢穴技法と呼んでおき

観音寺城跡石垣の矢穴技法で割られた石材

観音寺城跡石垣の回転矢穴技法で割られた石材

たいと思います。

手順を説明しますと、母岩《ぼがん》と呼ぶ加工前の大きな石の表面に一列に溝を掘っていって、そこにクサビを入れて玄能《げんのう》（カナヅチ）で叩き割るわけです。すると、切手のミシン目のように割れます。割れた両側の石に、最初に入れた溝が半分ずつ歯型のように残るわけです。当初は一度割るだけだったものが発展して、回転させて違う方向にもう一度割るようになります。この技法が、すでに観音寺城で採用されているのは画期的なことです。

観音寺城跡池田丸の矢穴技法で割られた石材

これまで、この回転矢穴技法は慶長年間、つまり一六〇〇年くらいになって、一つの石を四分割、八分割できるようになったと考えられていたのですが、観音寺城は今のところ文献史料でいうと弘治二年（一五五六）に「御屋形様御石垣打事」という記録が金剛輪《こんごうりん》寺の『下倉米銭下用《げぐらべいせんげよう》帳《ちょう》』という文書に出てまいります。

写真は、別の石垣の面です。池田丸というところの石垣の面ですが、これも石材一つひとつを詳細に見ていくと、二つとも矢穴が残っています。観音寺城の矢穴技法の大きな特徴は、矢穴が二穴もしくは三穴で割っているということです。

彦根城跡や姫路城跡に行けば、一辺すべてに矢穴の入っている石を見ることができます。後でご紹介する三雲城跡もそうです。観音寺城跡はそうではなくて、二穴もしくは三穴で割られています。これは、一〇穴も二〇穴も溝を掘らずに、石の目を見て二穴、三穴で割る能力を持った熟練工がたずさわっていたのだろうと思います。現在では二つの穴もしくは三つの穴で割る工法を「観音寺技法」と呼んでいます。

さらにさかのぼって、矢穴技法はどこから来たのかといえば、十二世紀終わりに焼失した東大寺の復興にあたって中国（宋《そう》）の石工《いしく》集団が招かれて用いたのが日本では最初とされています。

滋賀県でも近年、十三世紀もしくは十四世紀ぐらいにさかのぼる矢穴が見つかっています。湖《こ》南市《なん》正福寺《しょうふくじ》にある岩瀬谷《いわせだに》古墳群の発掘調査で古墳の横にある花崗岩《かこうがん》に見事な矢穴が打たれていました。また、古墳の横穴式石室からは十三世紀末から十四世紀の土師器《はじき》の皿が出土しているので、おそらく石工職人たちが古墳の横穴式石室を工房にしていたのでしょう。焚き火をしたり、食事もしていたのだろうと思います。

このあたりは「湖南三山《さんざん》」と総称され、善水寺《ぜんすい》などの天台宗寺院があります。十三世紀にはそれらに関わる石仏を作ったり、寺院の石垣を積んだりする石工集団を寺院が有していたと考えられます。

観音寺城跡に話をもどすと、弘治《こうじ》二年（一五五六）に観音寺城の石垣を積む工事に関わる打ち合わせを六角氏家臣と金剛輪寺が行った記録が、寺の会計を記録するための『下倉米銭下用帳』という帳簿の中に書かれています。おそらく石垣構築技法は、金剛輪寺をふくめた「湖東三山」と呼ばれる天台宗の大寺院が持っていたので、六角氏はその技法を採用したのでしょう。寺院に従属していた工人を石垣づくりに動員したと考えられます。

佐生日吉城跡の石垣

ちなみに近江には、さらに後の織田・豊臣時代から有名になってくる穴太衆という石工集団が坂本に存在しました。坂本も比叡山の山麓にあり、延暦寺に従属していた工人でした。お寺の技術がお城の石垣に使われていったことを示しているものと思います。

この観音寺城跡の周辺を見ると、例えば北に佐生日吉《さそうひよし》城跡というお城があります。観音寺城跡がある繖《きぬがさ》山の北端部分です。写真のように、ここもすごい石垣が積まれています。おそらく、織田信長との関係が非常に悪化した段階で、六角氏が北の守りに築いたのではないかと思います。どころが、ここでは矢穴があまり使われていません。どちらかというと自然の石を使っています。今のところ唯一、真ん中の割れた面がちょうど出ているところ、一番右端の上のＵの字形が矢穴の痕跡だろうと思っています。

もう一つ、野洲市大篠原《おおしのはら》にある小堤城山城跡という城の石垣です。写真のように左側の石の矢穴は左向きに打ってありますから、一回割ったものをさらに上に矢穴を入れて二分割しています。二回転させて四分割した矢穴も認められます。

小堤城山城跡の石垣

三雲城跡の石垣の回転矢穴技法で割られた石材

そしてもう一つの写真は、湖南市吉永《よしなが》にある三雲城跡の石垣です。二穴、三穴ではなく、一辺全部に矢穴が入っています。これも回転技法です。下、左、上それぞれに矢穴があるので少なくとも八分割以上しています。

以上の観音寺城跡、佐生日吉城跡、小堤城山城跡、三雲城跡は、すべて六角氏直轄の城だと考えています。六角氏は敵が来た時によく逃げます。六角氏討伐をかかげた足利義尚《よしひさ》が「鈎《まがり》の陣《じん》」を置いて攻めてきた時も、信長に攻められた時も逃げました。どこに逃げるかというと、甲賀に逃げます。甲賀二十一家や甲賀五十三家と総称される甲賀武士たちは、六角氏を助けたことを彼らの由緒に持っています。

この観音寺城跡から三雲城跡へ行くまでの中間にある小堤城山城跡は、休憩施設あるいは宿泊施設としての役割も持っていたように思います。

信長との関係が悪化した段階で、観音寺城の北側に城がまったくないのはまずいということで、佐生日吉城は築かれたのでしょう。

このように近江には小谷城跡の浅井氏の技術で作られた石垣と、鎌刃城跡の粘土を使った石垣、それから矢穴を使う六角氏の石垣が存在したことがわかります。さらにもう一つ、現在は失われましたが、近江で最も古い石垣として、近江八幡市牧町にあった水茎岡山城跡があります。

湖岸道路を長浜方面から行くと近江八幡の手前に水茎岡山《すいけいおかやま》という山があります。湖岸道路の建設の前に発掘調査が行われ、石垣が見つかりました。近江に逃れていた将軍足利義澄《よしずみ》のために十六世紀前半に築かれた石垣で、安土築城の七十年前に積まれたものです。近江で最も古い石垣だったのですが、湖岸道路の建造で、現在は報告書でしか見ることができなくなっています。

以上見てきたように、近江の石垣にかかわる技術は、自然石を野面積みしていた時代においては先進的であったと思いますが、その分布は極めて限られたものでした。

7　新たな場所で見つかるかもしれない石垣

「はじまりは小谷城」と言った場合、土の城から石の城に変わったという点では間違いなく、そう言えるんだろうと思います。以前は部分的にであったり、石垣といっても高さ一〜二メートル程度のものというイメージだったのですが、破城の結果が今の高さですから、もともとはもっと高い石垣であったということが判明しつつあります。また、どんどん新たな場所で石垣が見つかってきています。本日、写真でお見せした石垣の中にも、一部の人にしか知られていないものもあります。さらに詳細な分布調査をすれば、今までまったく知られていなかったところからも石垣が見つかる可能性は非常に高いと思っています。令和五年（二〇二三）現在の状態を記録するために、写真と地図上に位置情報を落とし込んだ石垣台帳を作成する必要を強く感じます。

最後の最後ですが、先ほど少し申し上げた越前の笏谷石は別名「越前青石」とも言われ、雨が降って濡れると少し青みが増して非常に美しく見えます。越前の足羽山から出る凝灰石《ぎょうかいがん》で、当初は越前の国内のみに流通しており、朝倉氏が独占的に利用していました。越前以外では唯一、小谷城跡には用いられています。浅井氏と朝倉氏の関係を知る手がかりの一つとしても、笏谷石は非常に重要だろうと思っているのですが、じつは安土城跡の天主台に至る石段や天主台穴蔵の入口部分にも、越前の笏谷石が敷かれています。現在はボロボロに割れてしまっているので、あれはなんとか保護しなければならないと思います。

『信長公記』の天正九年（一五八一）の条に、柴田勝家《しばたかついえ》が信長に「切石数百、是れ又、進上申され候ひしなり」と書かれています。当時、勝家は越前北庄《きたのしょう》城主だったので、特産の「切石＝笏谷石」を信長への贈り物としたわけです。石段の踊り場の敷石に用いられたほか、伝本丸跡の発掘調査では大きな笏谷石製容器（安土城考古博物館展示）も出土しました。

のちの豊臣氏の段階でも、秀吉が越前北庄城主となった堀氏に切石五五〇個を京都に運ぶよう命じた朱印状（福井県立歴史博物館蔵）が残されています。おそらく聚楽第《じゅらくだい》で使われたのでしょう。残念ながら、聚楽第の痕跡は地上には残されていない状態ですので立証はできません。浅井氏、織田氏、豊臣氏をつなぐ笏谷石という石の存在を知っていただければと思います。

今日は、小谷城がかなり発達した石垣の城として作られていたらしいということをお話しさせていただきました。皆さんも実際に登っていただき、「石の城」の実態を体感していただけたらと思います。

第2回講座

小谷から長浜へ
―城と城下の移転を深掘りする―

淡海歴史文化研究所長　太田浩司

1　中世城下町・小谷と近世城下町・長浜

こんにちは、太田でございます。私も三十年以上この仕事していて、小谷は小谷、長浜は長浜でそれぞれの町づくりの話をすることはあったのですが、小谷から長浜へ変遷というお題をいただいたのは初めてです。そういう意味で自分としては新鮮なテーマに感じています。

小谷から長浜へというのは、一般化すれば、日本の都市、近世城下町の成立という話です。いまの日本にあるほとんどの都市はもともと城下町だったところで、城下町ではなかったところを探す方が難しいくらいです。長野などは善光寺《ぜんこうじ》の門前町ですし、横浜や神戸は港町で例外と言えるでしょう。滋賀県でも大津、彦根、長浜、日野、八幡《はちまん》はいずれも城下町です。草津《くさつ》だけは街道沿いの宿場町ですが。

小谷から長浜への変遷といった場合、長浜が近世城下町で、小谷が中世城下町ということになります。今の日本の各県のおそらく県庁所在地から三番目ぐらいまでの都市はほとんど近世城下町がもとになっています。この中世城下町から近世城下町への変遷が、長浜では四五〇年前に起こったということです。天正《てんしょう》元年（一五七三）にあたりますが、これは日本で一番古い中世城下町から近世城下町への変化です。日本全国探しても長浜より古いものはありません。比叡山延《ひえいざんえん》暦寺《りゃくじ》の門前町として発達して坂本《さかもと》城の城下町になった大津市の坂本、あるいは尾張《おわり》国（愛知県）に織田信長がつくった小牧《こまき》の城下町も長浜より十年くらい前に成立したと思うので、これらが都市として残っていれば最古になったかもしれません。市街地として今も残っている近世城下町としては、長浜は一番古いと言えます。その「残っている」というのは建物ではありません。町割《まちわり》が残っているということです。そういう意味で長浜と小谷は日本の近世城下町、中世城下町を考えるためには重要な場所です。

中世城下町と近世城下町は何が一番違うかというと、中世城下町は散在的です。小谷の城下町は尊勝寺《そんしょうじ》（長浜市尊勝寺町）の周辺にも町ができる一方、小谷山の麓にもあったり、あるいは国友《くにとも》（長浜市国友町）にもあったりと分散していました。これが長浜に移ることによってコンパクトに一つにまとまったわけです。

近世城郭というのは、城と家臣団の屋敷、城下町、この三つがそろうことで成立しています。長浜の近くでは彦根がわかりやすい例ですが、真ん中に城があり、家臣団屋敷があり、そのまわりに城下町が広がっています。城下町とその流れを組む町割の都市は、中には空襲で破壊されて姿を変えたところもありますが、だいたい残っています。

江戸時代の江戸もそうです。大坂もそうです。規模の大小はありますが。散在的な城下町から求心的な城下町になっていくのが、中世城下町の小谷から近世城下町の長浜への変化です。今日の話は結論からいうとそういうことです。結局、天下を取ったのが豊臣秀吉《とよとみひでよし》だったので、秀吉がつくった都市プランが全国に広まったわけです。長浜型がスタンダードになって、全国に広まりました。ところが、こうした考えは、あまり研究者の間では受け入れられません。研究者の間では、「長浜というのは異常なる突出をしている」という言い方がされます。非常にきれいに整備された城下町が早い段階にできすぎていると言うのです。私は、最初が長浜でそれが全国に広まったからだと考えることがわかりやすい説明だと思うのですが、なかなか受け入れてもらえません。

では、なぜ小谷から長浜に移ったのでしょう。例えば島根県に月山富田城《がっさんとだ》という典型的な戦国大名の城郭があり、そこは松江城《まつえ》に移りました。山から水辺に近づいた形です。あるいは佐和山《さわやま》城から彦根城への移転も山から水辺に近づいた形です。

ですから、一つは湖上交通を有効に使える立地を秀吉が選んだということです。小谷城でも「船場《せんば》の辻」というところがあって、田《た》川という川が舟運《しゅううん》に用いられていました。しかし、小谷城では湖上交通を全面的に使えるような立地ではありませんでした。長浜の場合は、おそらくできた当初から船町が発達しており、港町の体裁も取っていたと思われます。その上で湖上交通を有効に使って、軍事よりも流通・経済を重視するという信長や秀吉の方針に従って、小谷城から長浜に移ったというふうに考えるのが、適切な説明だろうと思います。

2　小谷落城と城下町の移転

小谷城と浅井氏の最期

それでは長浜移転までの経緯を小谷城の落城からたどってみましょう。『信長公記《しんちょうこうき》』は太田《おおた》牛一《ぎゅういち》という織田信長の側近が書いた記録なので非常に信憑性が高いのですが、間違いもあります。史料1に示した『信長公記』では、小谷城総攻撃を元亀《げんき》四年（一五七三）八月二十七日としています。そして翌日の二十八日に長政が自刃《じじん》したと書いています。

地図を映しましたが、ここの「清水谷《きよみずだに》」というところを中心に馬蹄《ばてい》形に城があるのが小谷城の特徴です。もともとは主郭の本丸（A内）があり、同じような主郭の京極丸（B内）がここにあって、二つの主郭をつないでいるのが小谷城の特徴です。この清水谷には家臣団の屋敷があり、その外側に城下町がありました。この清水谷は落城前年の元亀三年から信長軍に制圧されており、おそらく元亀四年にお江《ごう》が生まれたときには、浅井氏は山上での生活を余儀なくされていたと思います。第一回講座の中井均さんはもっと前から山上に住んだという意見ですが、私は元亀三年ぐらいからだと思っています。現在、小谷城戦国歴史資料館がある清水谷も制圧されており、秀吉は「水の手」と呼ばれる谷から上がって、『信長公記』でいうと二十七日、次に二十八日には本丸を

史料1　『信長公記』天正元年（一五七三）

八月廿七日、夜中に、羽柴筑前守、京極つぶらへ取り上り、浅井下野、同備前父子の間を取り切り、先ず、下野が居城を乗つ取り候、爰にて、浅井福寿庵、腹を仕り候、さる程に、年来目を懸けられ候鶴松大夫と申し候て、舞をよく仕り候者にて候、下野を介錯し、さて其の後、鶴松大夫も追腹仕り、名与（名誉）是非なき次第なり、羽柴筑前守、下野が頸を取り、虎御前山へ罷り上り、御目に懸けられ候、翌日、又、信長、京極つぶらへ御あがり候て、浅井備前・赤生（赤尾）美作生害させ、浅井父子の頸京都へ上せ、是れ又、獄門に懸けさせられ、又、浅井備前が十歳の嫡男御座候を、尋ね出だし、関ヶ原と云う所に張付に懸けさせられ、年来の御無念を散ぜられ訖んぬ、爰にて、江北浅井が跡一職進退に、羽柴筑前守秀吉へ、御朱印を以て下され、忝き面目の至なり、

攻めて浅井長政を自刃させます。これが小谷城攻めの最終段階で、正面から攻めるのではなく清水谷側の「水の手」から上がって「京極《きょうごく》つぶら」つまり京極丸に上がっています。

少々脱線しますが、『信長公記』で「京極つぶら」としているということは、当時からここを京極丸と呼んだということです。他の小谷城のそれぞれの曲輪《くるわ》が何と呼ばれていたか、「桜《さくらの》馬場《ばば》」がいつからそう呼ばれるようになったかはよくわかりません。

日本全国の城を見ても、戦国時代に上杉謙《うえすぎけん》信《しん》や武田信玄《たけだしんげん》が自分の城の曲輪を何と呼んでいたかというと、不確定な場合がかなり多いと思います。ところが、小谷城の「京極丸」の場合は、『信長公記』に書いてあるので落城当時から「京極つぶら」と呼ばれていたと

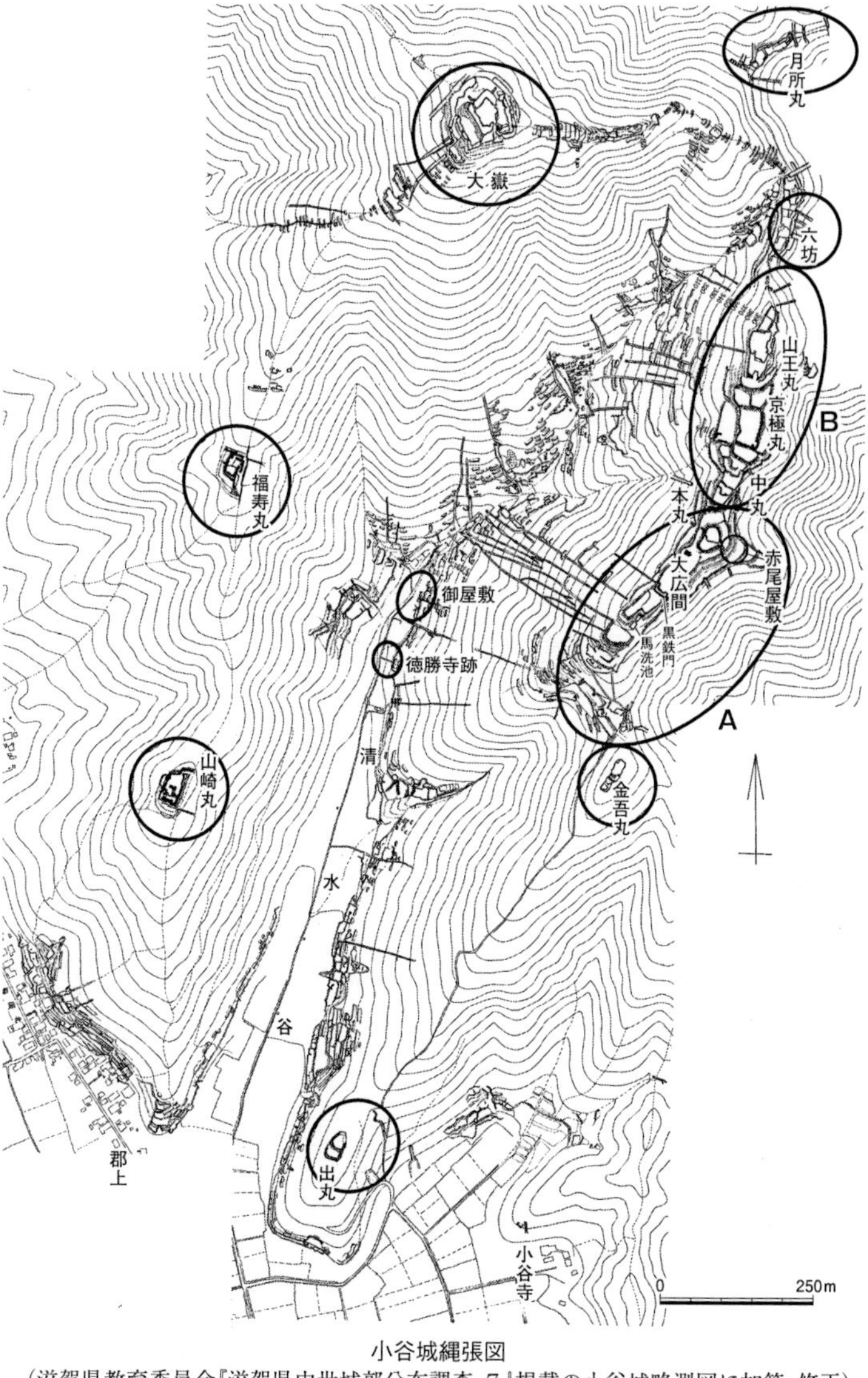

小谷城縄張図
（滋賀県教育委員会『滋賀県中世城郭分布調査 7』掲載の小谷城略測図に加筆・修正）

分かるのです。「つぶら」というのは「円」です。ウルトラマンなどを作っていた円谷《つぶらや》プロダクションというのがありました。「円」は丸ですから、「京極つぶら」は「京極丸」と同じ意味です。

小谷城の場合は他にも同時代資料で「山崎丸《やまざき》」という名前も確認されています。「福寿丸《ふくじゅ》」はちょっとわかりません。「京極丸」は何か京極氏と関わりがあったことは確かでしょう。『浅井三代記』には「ここに京極氏を押し込め」とかいろいろ書いていますが、押し込めたところに「京極丸」という名前をつけるわけがありません。こういう話をしていると終わらないのでやめますが、落城当時の曲輪の名前がわかるというのは稀有《けう》なことです。

本当はどう考えても二十七日と二十八日ということはありえません。九月一日に浅井長政が自刃したのは間違いありませんから。菩提寺の徳勝寺《とくしょうじ》などの関係もすべて九月一日を命日にしていますので。その九月一日が小谷城の落城、その前日は元亀四年の場合は、小の月だったので八月二十九日です。

それから、浅井備前守《びぜんのかみ》と赤尾美作守《みまさかのかみ》（赤尾清綱《あかおきよつな》）が「生害《しょうがい》（切腹）」させられたと書かれているのですが、その場所については書かれていません。一般的に江戸時代から言われているのは赤尾屋敷でだとされています。本丸から少し降りたところで亡くなったとされ、今も浅井長政の墓はそこにあります。ただこの赤尾屋敷で浅井長政が自刃したという話は、江戸時代の絵図にならないと出てこない話です。

小谷城址保証会蔵の「小谷城絵図」には、どこで何が起こったかという流れが書いてあります。当時の『信長公記』自体には浅井長政と赤尾氏が一緒に死んだと書いてありますが、赤尾氏の屋敷で死んだとは書いてありません。そして、本丸から少し降りたところを今は「赤尾屋敷」と呼んでいますが、落城当時、本当にそう呼んだかはわかりません。厳密に言うとそうなので、もしかすると本丸で自刃しているのかもしれません。赤尾屋敷の場所は、曲輪とみなすことは可能ですが、本当に屋敷があったと言い切れるだけの材料はありません。

ただ、訪れた人への説明など一般的にはここで長政は亡くなったとして問題ないと思いますし、そう伝えられているという話でよいと思います。

小谷城廃絶に関する文書

こうして浅井氏が滅びた後も、秀吉はしばらく小谷城を使っています。これは『信長公記』にも書かれていて、天正三年（一五七五）、織田信長が越前一向一揆《えちぜんいっこういっき》の攻略に向かう途中で、「大谷（小谷）羽柴筑前守《ちくぜんのかみ》所」に宿泊したとあります。つまり、天正三年八月十三日の時点では、長浜城は普請《ふしん》中で、秀吉は小谷城の御殿を使っていました。この御殿（居所《きょしょ》）は山の上ではなく清水谷にあったのではないかと推測しています。そして、おそらく長浜城の築城はその前の天正元年あるいは二年から始まっていて、城下町を長浜に移すことも考えられていたと思います。

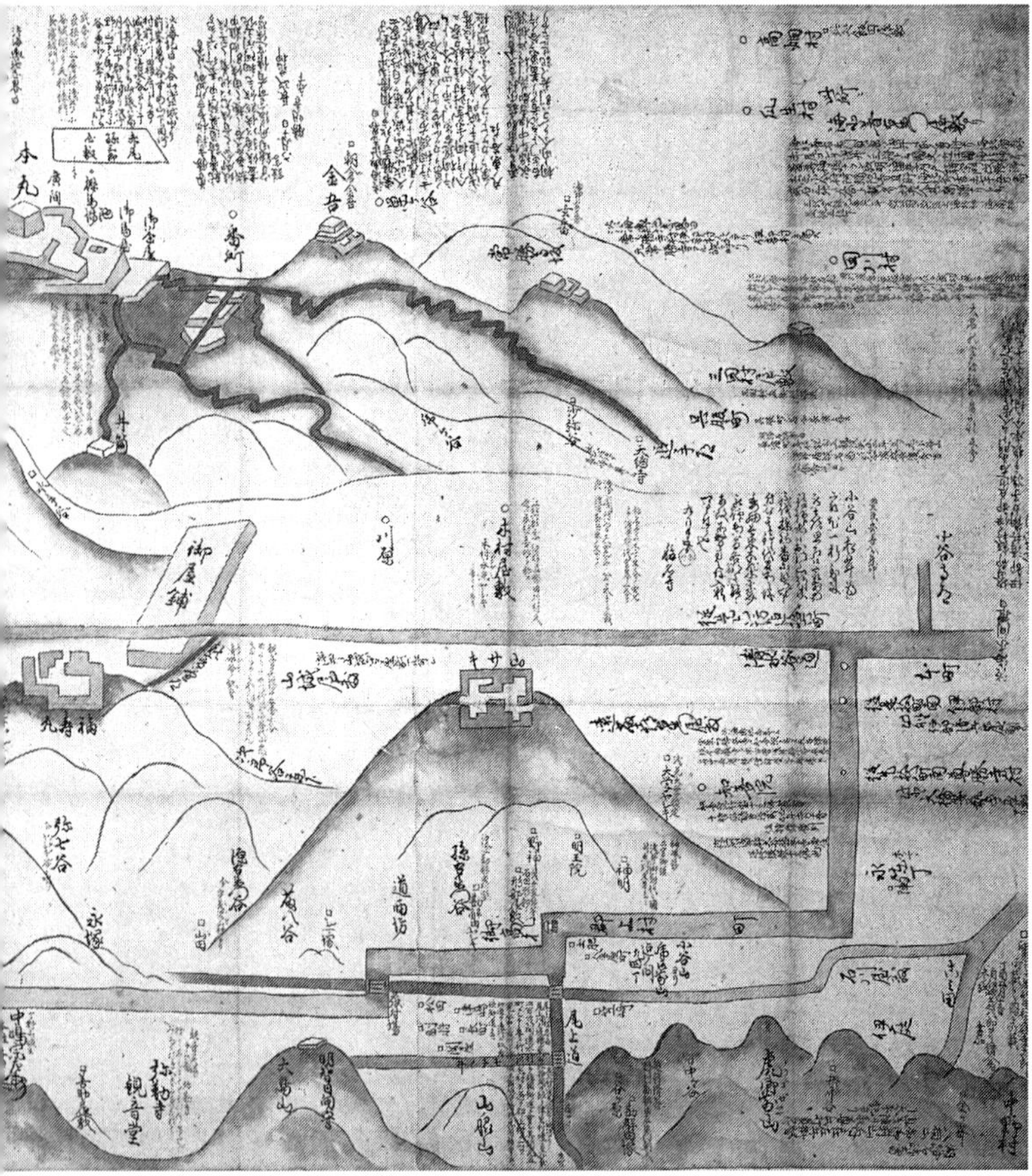
本丸
御屋鋪
福寿丸
弥七谷
道西坊
観音堂
虎御前山

小谷城絵図（小谷城址保勝会蔵）

秀吉が正式に長浜に移ったのがいつかが分かるのが、次の「史料2　石田三成判物《はんもつ》」です。これは関ヶ原の戦いの時のものなので、二十年ぐらい後に書かれたものです。これは、三成が国友の鉄砲鍛冶に宛てたもので、慶長五年（一六〇〇）の七月二十八日ですから関ヶ原合戦の二か月くらい前です。

その中に、「天正三年長浜ニ太閤様御座候已来《（以来）》」とあるので、太閤様＝秀吉が長浜にいたのは天正三年からだということになります。三成は嘘をつかないので、秀吉は天正三年には長浜に移っていたと言えるでしょう。先ほどの『信長公記』の記事とあわせると、天正三年の八月十三日から十二月の晦日《みそか》の間に長浜へ移ったと考えることができると思います。

おそらくその段階で居所を小谷から長浜に移しています。これは中世から近世への城下町の変遷ではどこでもそうです。例えば井伊直政《いいなおまさ》が関ヶ原合戦の後に佐和山をもらいますが、しばらくは「彦根藩」とは呼ばれず、「佐和山藩」と呼んでいます。慶長八年（一六〇三）か九年に彦根へ移った時には、井伊直政は亡くなってしまっていましたが。

それでは小谷城とその城下町はどのようになくなっていったのでしょうか。詳細はわかりませんが、たまたま私が発見した資料があります。見つけたのはもう二十年以上前ですが、驚きました。「史料3　羽柴秀吉判物　伊部郷百姓中宛」というもので、天正五年（一五七七）四月十日に秀吉が浅井郡伊部《いべ》村（長浜市湖北町伊部）の住民に対して、城山（小谷城内）を明け渡すので、牛馬

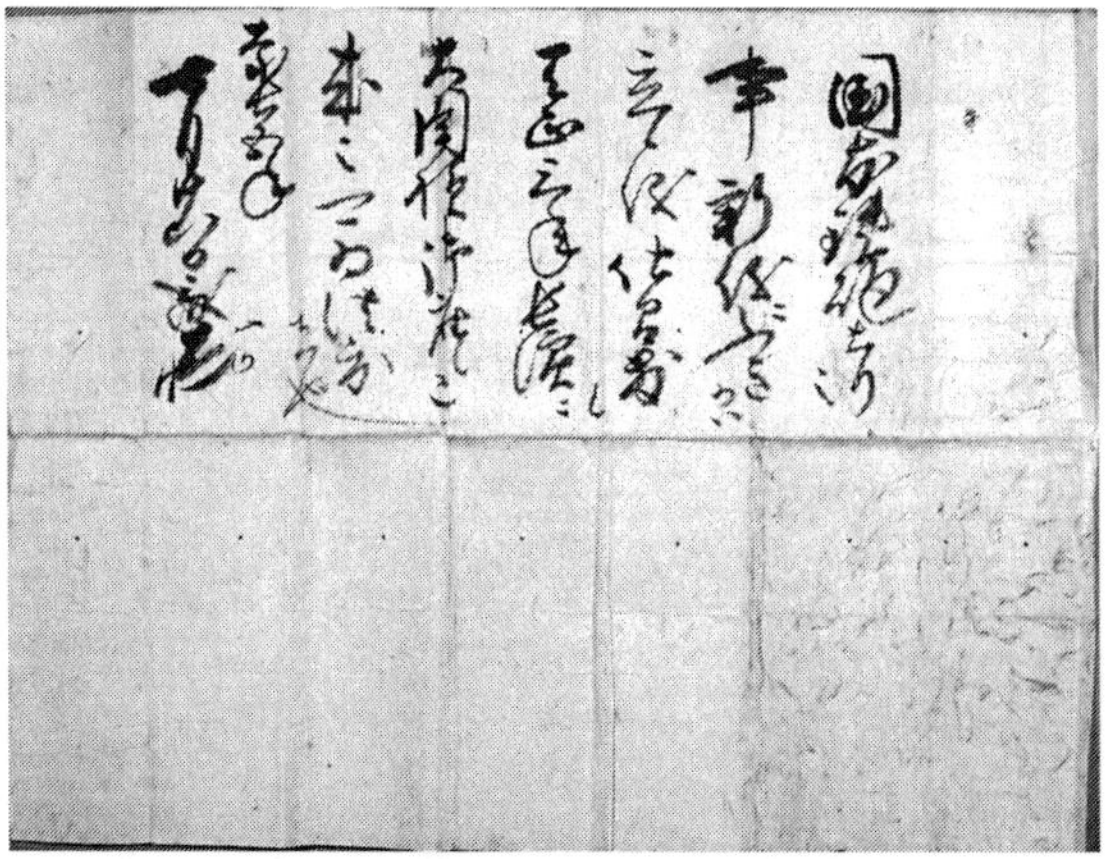

石田三成判物（国友助太夫家文書）

史料２　石田三成判物（国友助太夫家文書）

国友鉄砲はり之事、新儀ニふきかい立候儀仕間
敷候、天正三年長浜ニ太閤様御座候已来之可為
法度者也、

慶長五年
七月廿八日　三成（花押）

（宛名切断）

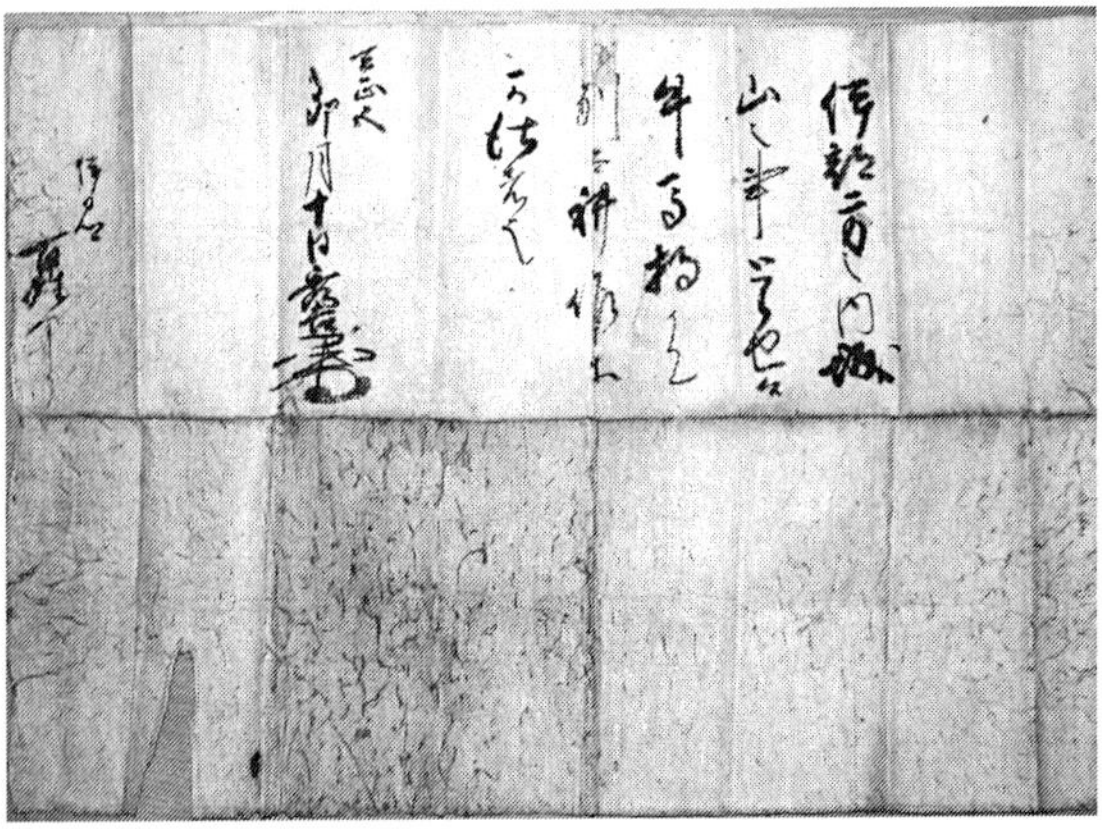
羽柴秀吉判物　伊部郷百姓中宛（個人蔵）

史料3　羽柴秀吉判物　伊部郷百姓中宛（個人蔵）

伊部方之内城山之事、とらせ候、牛馬持候て、別而耕作等可仕者也、

天正五年

卯月十日

秀吉（花押）

伊部郷百姓中

を使用して耕作を行ってもよい旨を伝えた文書です。それまでは城地だったので百姓は入れなかったのですが、天正五年四月十日以降は入って耕作してもよいと言っています。清水谷はほとんど郡上《ぐじょう》村だと思うので、おそらく山の上の話ではなく、北谷の親水公園などがある辺りの谷ではないかと思います。

この文書は、天正五年の段階で小谷城は城ではなく、農民に開放して耕作される対象になったということが分かる大発見だと思うのですが、あまり注目されていません。

小谷城下町の廃絶と宿場町の成立

そして、小谷城下の伊部と郡上について、次の地図は北村圭弘《きたむらよしひろ》さんが作られた地図で、許可を得て使わせていただきます。二番目に濃い色の左上が郡上、中央が伊部で、一番濃い色は当時存在した大きな沼です。伊部と郡上の間の清水谷から南に下る道が国道３６５号と交わる信号機がこの辺り（△印）です。斜めに小谷城の方向へ入り込んでいるのが清水谷、その下が北谷です。先ほどの伊部に対する文書はこの谷の開放を示したものだろうと思います。

この城下町がどうなったかについては、次の「史料４　羽柴秀勝判物写　小谷惣中宛」という文書があります。これは天正九年（一五八一）二月十日に織田信長の五男で、秀吉の養子となり北近江の統治を任されていた羽柴秀勝《ひでかつ》が、長浜に移住せずに小谷に残った商人・職人に対して、周

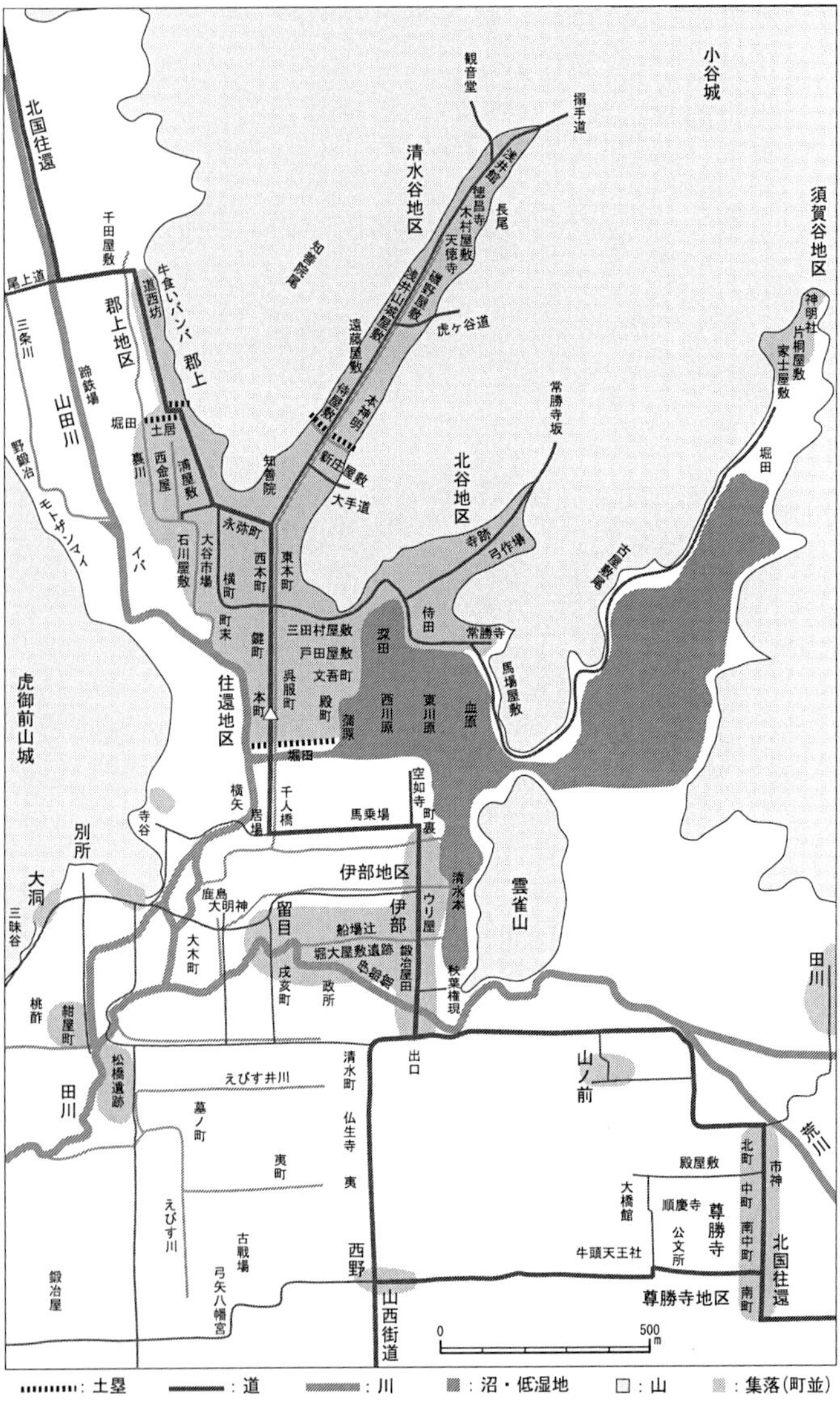

小谷城下町復元図（北村圭弘氏作成）

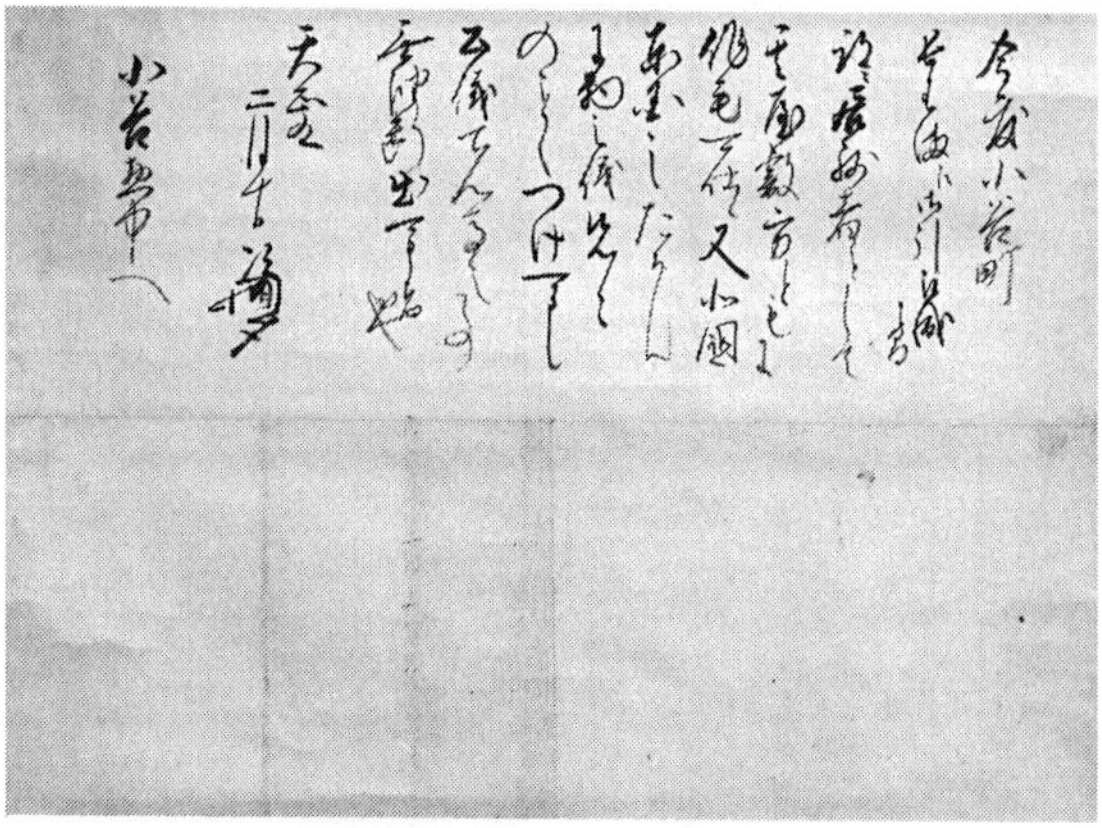

羽柴秀勝判物写　小谷惣中宛
（長浜市長浜城歴史博物館蔵）

史料４　羽柴秀勝判物写　小谷惣中宛
（長浜市長浜城歴史博物館蔵）

今度小谷町、長はま江御引被成之間、跡ニ居残者として其屋敷方ともに、作毛可仕候、又北国東国之たちん（駄賃）・に物（荷物）之儀、先々のことくつけ可申候、公儀てん馬之事、無油断出可申者也、

天正九
二月十日　次（花押）

小谷惣中へ

辺の耕作権と街道に関わる伝馬《てんま》役を担う権利を保証した文書です。要するに、今までは城下町だった小谷が宿場町に変わったということを示しています。この文書は長浜城歴史博物館が十年くらい前に購入し、所蔵しています。

秀吉は一〇年間長浜城主でしたが、最後の天正九年、十年の段階では自分の養子に後を継がせるつもりでした。幼名が於次《おつぎ》という信長の五男を養子に迎えて、彼が羽柴秀勝となります。秀吉の代わりに長浜城代となったので、文書にある「次」は於次秀勝のことです。

天正九年二月十日ですから本能寺の変の一年前ですが、すでに城下町ではなくて街道の宿場町に変わっています。「小谷町長はま江御引被成之間《おんひきなされそうろうのあいだ》」とあるので、小谷の町はほとんど長浜へ移ったことが書かれています。

この辺の話は普段あまりしたことがありませんでしたが、こうした過程がたどれる史料も残っているのです。

3　小谷城下町の姿

郡上・伊部の地籍図・地名・伝承から

江戸時代を通して「小谷宿」と称されますが、郡上と伊部は宿場町として運営されていきます。

次の図４は、小島道裕《こじまみちひろ》さんが作成なさった郡上と伊部の地図（同『城と城下』新人物往来社）が基です。城下町に関する地名などを拾って地図上に落としていったものです。この図によると小谷の城下町は清水谷があって、入口の左のところに知善院《ちぜんいん》、図にはないのですが、奥に徳昌寺《とくしょうじ》（徳勝寺）という浅井氏の菩提寺がありました。他にも今残っている地名があるのですが、郡上から伊部に行く道があって、その両脇に東本町《ひがしもと》、西本町《にしもと》という地名が残っています。この辺が国道３６５号と交差する信号の辺りになるのかと思います。さらに本町それから呉服《ごふく》町、大谷（小谷）市場《いちば》町もあります。そして、清水本の地名の辺りは今の伊部の集落になります。こう直角に曲がってもう一回直角に曲がって、中心地に至ります。鍛冶屋《かじや》があったのであろう金屋跡《かなやあと》という地名や鍛冶屋田の地名があったりします。本町はメインストリートで、現在は信号から南に下がって伊部の集落に行く道で、工場などもあります。当時は工場あたりもメインストリートだったようですが、現在は田んぼです。

他にも「戸田豊後守《とだぶんごのかみ》屋敷跡」の伝承地があります。それから伊部の東の方には「馬場左衛門《ばばざえもん》屋敷跡」というのもあります。家臣団の屋敷だったのでしょうか。これらからも清水谷の中だけではなく、城下町の中にも家臣団の屋敷が散在していた様子がわかると思います。

さらに、こういう絵図（70ページ）があります。これはどこまでさかのぼれるかはよく分からないのですが、江戸時代に制作された小谷城絵図というのは普通、南から描いたタイプと琵琶湖側

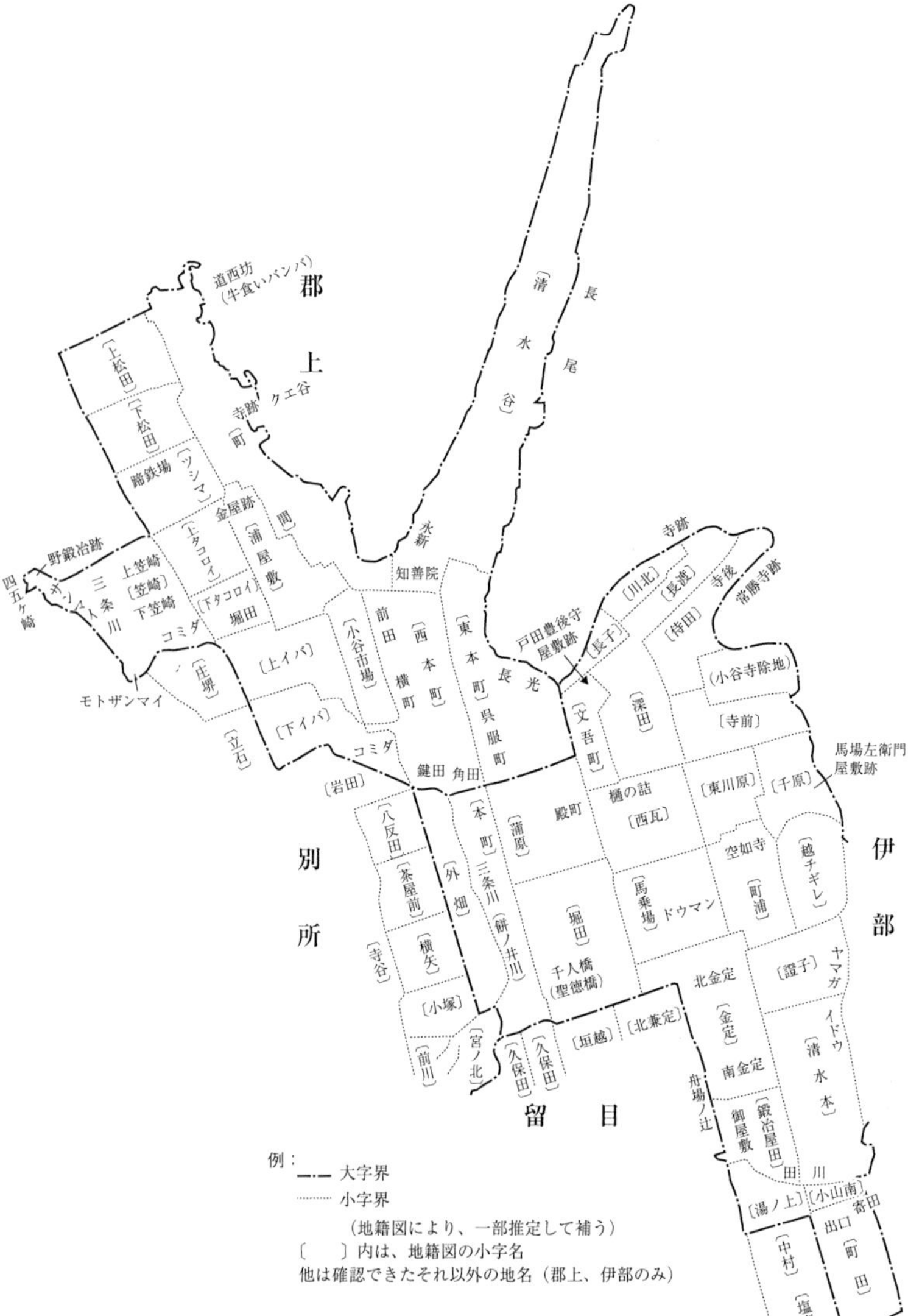

小谷城下地名分布図
（滋賀県教育委員会『滋賀県中世城郭分布調査7』掲載図をトレース、一部修正）

の西から描いたタイプの二種類あるのですが、この南から描いたタイプは、小谷城下の部分を見てもほとんど情報がないものが多いのです。ところが地域の伝承を拾ったと思われる個人蔵のこの絵図だけは多くの情報が書かれています。これがすべて本当なのかは分からないのですが、恐らく江戸時代中期ぐらいの段階での伝承をもとに小谷城下町を描いたものと思うので、これを参考に考察してみたいと思います。この絵図を北村圭弘さんがトレースなさったのが、次の図です。

　清水谷の中のここに「御殿」があったり、「女中屋敷」があったと記しています。伊部からの道が清水谷に突き当たって左に曲がって郡上の方に行き、正面のところに「大手御門《おおてごもん》」とあります。それから今の知善院のところに入るところに「見付《みつけ》御門」とあって、さらに伊部から今の北谷の方に上がる道にも「川口《かわぐち》御門」という門があったとされています。郡上の一番北端にも「惣門」という門があります。この絵図がどこまで本当かというのは分からないのですが、「大橋《おおはし》善左衛門」など、いろいろな人の名前が役職も描いてあって、「若年寄《わかどしより》屋敷」というのは戦国時代にはおかしいだろうというのもあります。浅井氏の奉行の職員名として、「所司代《しょしだい》屋敷」や「足軽《あしがる》屋敷」、「同心《どうしん》屋敷」、「伊部清兵衛《いべせいべえ》屋敷」という地侍《じざむらい》の屋敷や「三田村《みたむら》屋敷」は清水谷の奥にもありますね。それから西口の方にも「浅見但馬守《あさみたじまのかみ》屋敷」とあり、郡上の方にある「雨森弥兵衛《あめのもりやへえ》詰メ屋敷」というのも重要です。

　というふうに、浅井氏の家臣の屋敷が清水谷の中だけではなく、城下町の中にも散在していた

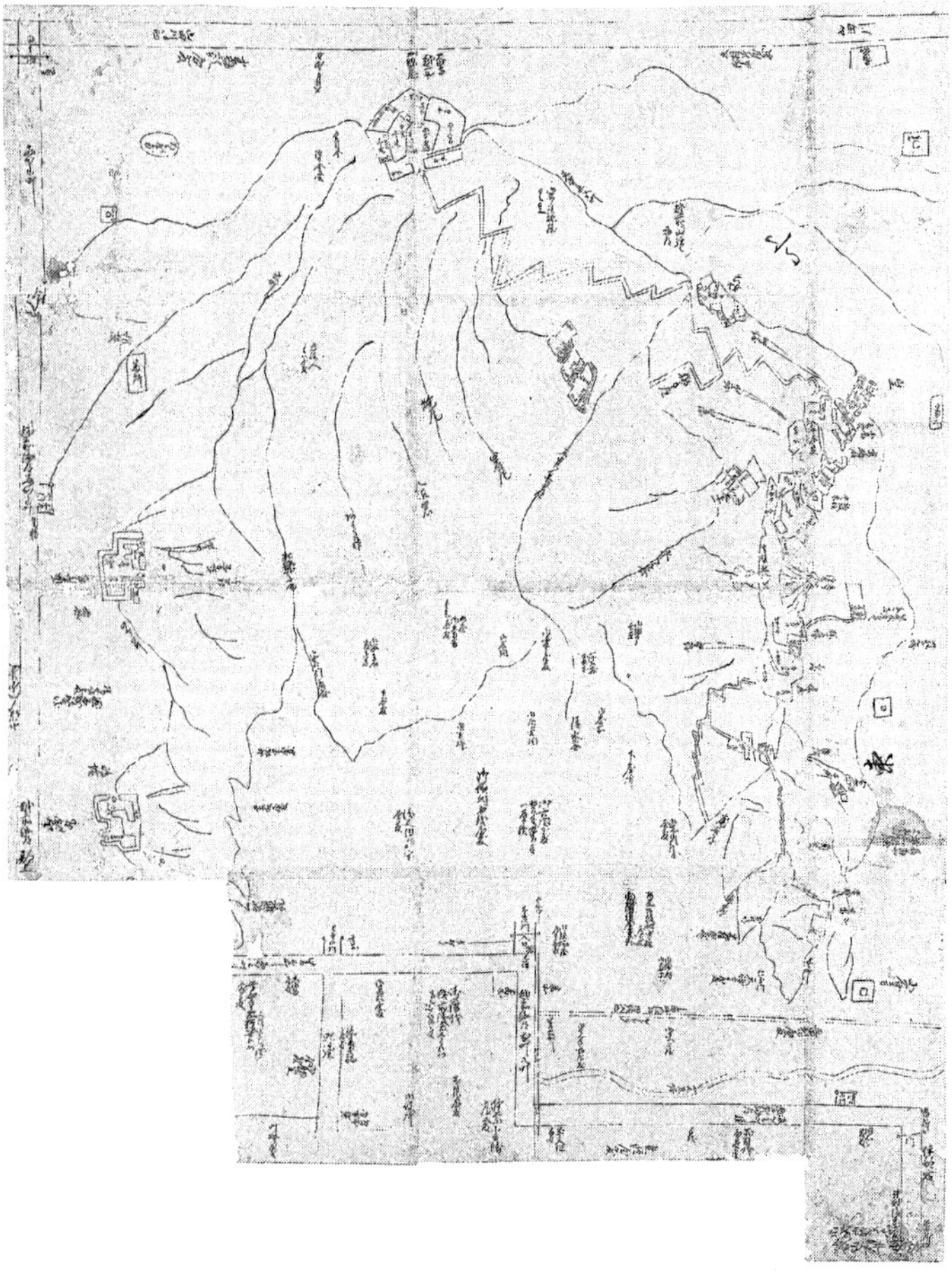

小谷城絵図（個人蔵）

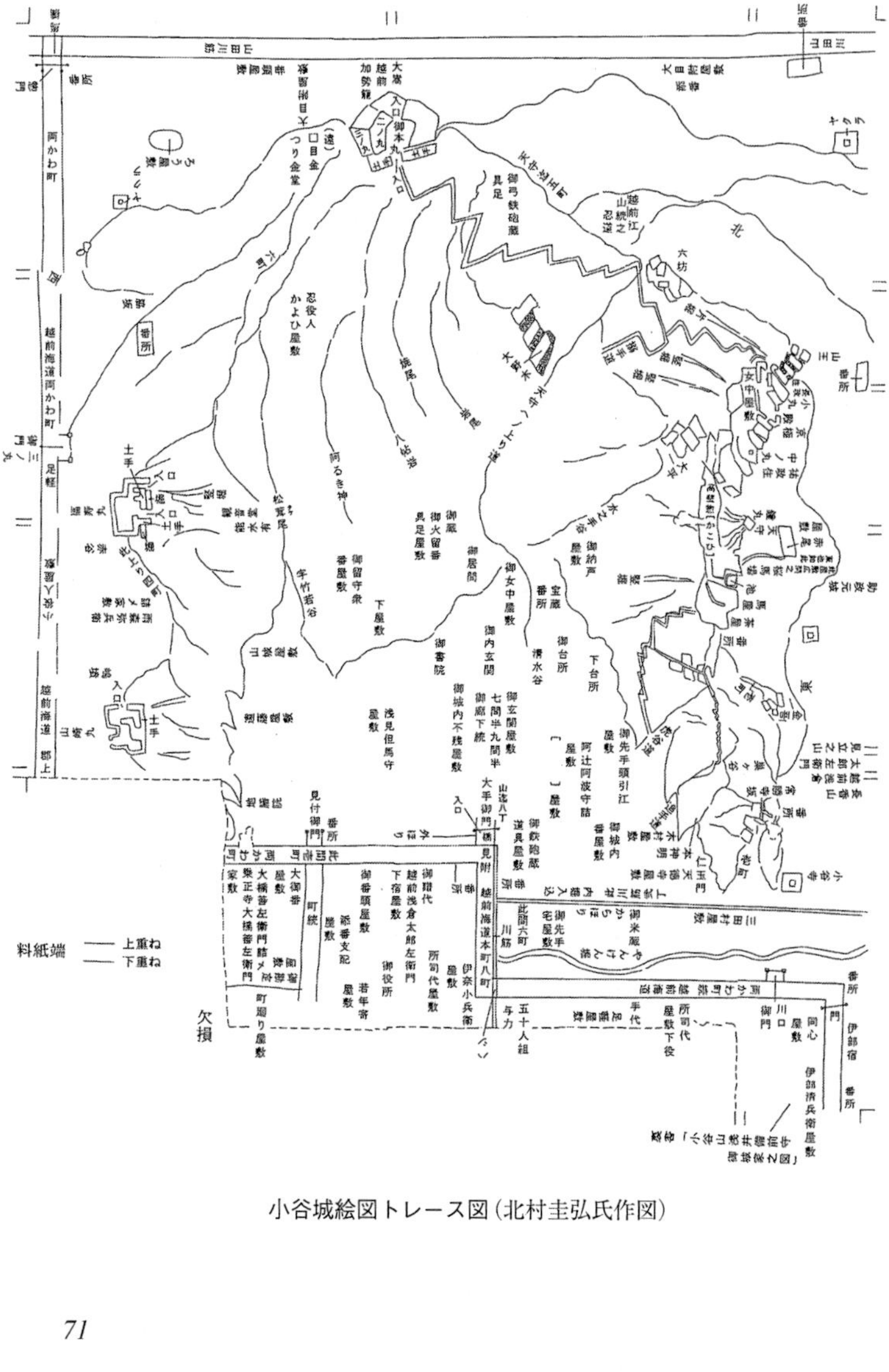

小谷城絵図トレース図（北村圭弘氏作図）

さらにはここに「越前朝倉太郎左衛門《たろうざえもん》下宿屋敷」とあります。これは朝倉氏の侍大将《さむらいだいしょう》のような地位にあり、当初ほとんど朝倉氏は出兵しなかったのですが、一人でがんばって出兵していた朝倉教景《のりかげ》（宗滴《そうてき》）のことです。最近、一乗谷の朝倉氏遺跡博物館が新しくなりましたが、朝倉には上城戸《かみきど》からちょっと出たところに、「浅井殿」という地名が残っていて一乗谷にも浅井氏の屋敷があったというふうに考えられます。

この二つのことから、やはり浅井・朝倉軍事同盟は強固なものだっただろうという見方もできるのでしょうが、私自身は浅井・朝倉の軍事同盟はなかったという説を唱えています。これについては深入りしませんが、やはり小谷の城下町は、郡上・伊部の町人屋敷の中に家臣団の屋敷が散在するという特性を持っていたと言えると思います。

先ほどの北村さん作成の図にありますが、『平埜荘郷記《ひらのしょうごうき》』という江戸時代の記録に、伊部から少し離れた集落である尊勝寺《そんしょうじ》村（長浜市尊勝寺町）に「市」があったと記していて、つまり小谷の城下町の機能の一部があったものと推測されます。

さらに、これは私だけが唱えている説ですが、国友も小谷の城下町の一部だった可能性が高いと思います。国友村は小谷から二キロぐらい南に位置するのですが、小谷の城下町は南端に「船場《せんば》の辻《つじ》」というところがあり、田川が流れていました。田川という川は現在は改修されてまっすぐになっていますが、もとは曲がりくねっていたので、排水が悪く水が溜まりました。水が溜ま

小谷城阯付近地形図
（柴田実『小谷城阯考』掲載図の文字を一部打直し。大正9年陸地測量部五万分の一地形図による）

るので、小谷城の内港として使われていたと考えられます。そして一番南側から発する「小谷道」を南に下がると姉川《あね》があり、それを渡ると国友村でした。

国友での鉄砲生産は浅井氏時代から

国友村には鍛冶師《かじし》がいました。国友にはもともと刀鍛冶がいたという話がありますが、それは誤りで、由緒書きを書く際に創作された根拠のない話です。江州坂田郡国友鍛冶の刀というのは現物が一つもありません。「国友」という銘の刀はありますが、それは違う国友です。

国友村の鍛冶集団は、鉄砲鍛冶のために作られたものです。浅井長政もしくは久政《ひさまさ》が意図的に作ったものだと考えています。次の「史料5　沙門宗秀書状　安東《あんどう》（下国《しものくに》）愛季《ちかすえ》宛（八戸湊文書）」は、浅井氏時代に確実に鉄砲を作っていたことを示す記録です。これは安東氏といって出羽《でわ》国北部（秋田県）で勢力を持っていた戦国大名の安東（下国）愛季に対して、朝倉義景《よしかげ》の一族で、その側近と見られる一源軒宗秀《いちげんけんそうしゅう》が愛季の妻の父にあたる砂越入道《さごしにゅうどう》という人物と話した内容を義景に伝えると書き送った文書で、青森県の八戸湊《はちのへみなと》文書の一つとして伝わりました。

結論から言うと、越前国の朝倉氏の一族の宗秀という人が出羽国の安東氏に贈り物として、国友丸筒（鉄砲）一挺《ちょう》を送ったという内容です。この文書からはいろいろなことが想像されます。例えば、この時点で「国友」と言えば良い品として通用したのです。贈り物に用いられたのです

史料5　沙門宗秀書状　安東（下国）愛季宛

（八戸湊文書）

（包紙ウハ書）
「謹上　下国殿参　人々御中　一源軒　沙門宗秀」
雖未申通候令進上候、抑御先代」同名弾正左衛門尉
致申談候哉、就中」貴殿太郎左衛門入道へ別而御懇」
切之由、連々及承候処、於当府砂越」入道殿度々参
会之上、御雑談共故、」乍恐向後為可申談、今度申
上候、」随而雖軽萌之至候、脇指一腰新身」壱尺八
寸乱焼羽、装束添子何モ」金、幷鉄炮壱挺国友丸筒、
次桐油」稚一令進上候、誠表祝意計候、上口」相応
之御用等可蒙仰候、義景へ具可申越候、」猶也足可有
御演説候、恐々謹言、
卯月廿一日
沙門宗秀（花押）
謹上　下国殿　参　人々御中

から、すでに浅井長政が生きていた時期に、ブランドとして確立していたわけです。逆に言えば、あまり大量生産はされていない貴重品でもあったのでしょう。

国友鉄砲鍛冶は織田信長が命じて作らせた、あるいは秀吉が命じて作られせたという話もありますが、それは間違いです。当時の記録からして、信長が発注したというのはありえません。最初は足利将軍が発注したという話もありますが、これもありえません。

別の鉄砲産地である堺《さかい》（大阪府）の場合は理由が説明しやすいのですが、なぜ、小谷から南へ二キロほど行って姉川を渡った国友村で鉄砲生産が行われたかといえば、この村がそれ以前から小谷城の第二、

あるいは第三の城下町だったからと考えるのが一番合理的だと思います。姉川による舟運が利用できたからという説明も考えられますが、これには問題があります。当時の姉川が現在よりも河《か》床《しょう》が高く船を浮かべるだけの水深がありませんでした。そのため、江戸時代の記録には姉川が舟運に使われたという記録が一点もありません。田川が使われていた記録は残っています。立地による説明には、こうした問題点もあります。

以上は、小谷には尊勝村や国友村のように離れたところにも城下町があり、それが特徴だったというお話です。

4　秀吉が城下町を移した今浜村

長浜八幡宮の旧地

皆さんご存知のとおり、長浜はもともと「今浜《いまはま》」という名前でした。江戸時代の地誌『近江輿《よ》地《ち》志《し》略《りゃく》』などにも書かれている事実ですが、この「今浜」という村はその後の長浜の市街地と同じ範囲なのかといえば、それは疑問です。

次の「史料6　羽柴秀吉判物　唐川《からかわ》・布施《ふせ》・高田《たかた》百姓中宛」という文書は、秀吉が長浜の築城の時に出したものです。これは、伊香《いか》郡唐川村、布施村、高田村（長浜市高月町唐川・布施・東高田）

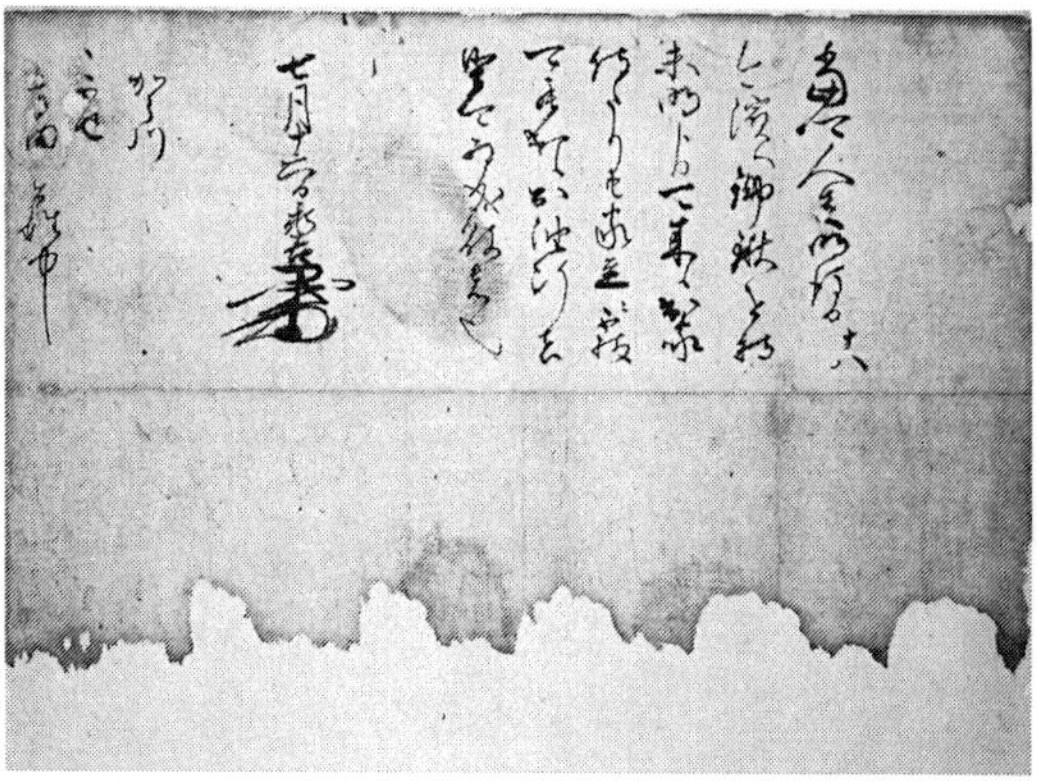

羽柴秀吉判物　唐川・布施・高田百姓中宛
（長浜市長浜城歴史博物館蔵）

史料6　羽柴秀吉判物　唐川・布施・高田百姓中宛
（長浜市長浜城歴史博物館蔵）

当郷人足明後日十八、今浜へ鋤・鍬を持、未明より可来
候、出家・侍たり共、家並ニ不残可罷出候、於由断者、
堅可為成敗者也、

七月十六日　　秀吉（花押）

から川
ふせ
高田　百姓中

の住人に対して、城を作るための人足として鋤《すき》や鍬《くわ》を持って出仕しなさいという命令書です。この中に「今浜へ」と書かれています。

しかし、今浜という村はそんなに広い村だったのかというと疑問です。「今浜村」という地名は、長浜城築城の二世紀近く前にあたる応永《おうえい》十七年（一四一〇）「神照寺《じんしょうじ》本堂上棟記録」（神照寺文書）や永享《えいきょう》七年（一四三五）の「勧進猿楽桟敷《かんじんさるがくさじき》注文次第」（長浜八幡宮文書）にも出てきます。上棟記録には「今浜　左衛門」という住民の名が、八幡宮の注文次第には「今浜村　三間　道林」という名前が見えます。

ただ、「長浜八幡宮往古図」という絵図が長浜八幡宮にあります。長浜八幡宮はこんなに広かったのです。どっちが北だかわかりませんが、おそらく下が南です。それからここに本地堂《ほんちどう》という愛染明王《あいぜんみょうおう》がまつられている建物があったり、勝軍山新放生寺《しょうぐんさんしんほうじょうじ》というお寺でもありました。本地堂左の護摩《ごま》堂の建物だけは、舎那院《しゃないん》の本堂の左後ろに残っています。三間堂《さんけんどう》で、北近江では一番古い建物です。

この絵図の当時は、「長浜八幡宮」ではなく「坂田郡八幡宮」あるいは「江州坂田郡八幡別宮《べつぐう》」と言いました。「別宮」というのは、山城国の石清水《いわしみず》八幡宮から分祀《ぶんし》、勧請されたからです。これは秀吉が来る前の八幡宮の様子だとされます。三重塔まであり、ここや北の方にもいっぱい坊舎があります。

この中世の八幡宮がどの辺りにあったかですが、旧八幡町《やわた》にある神明神社《しんめい》がもともとは、今の八幡宮の場所にあったとされます。それと社地を交換したと伝わっているのですが、あの境内にこの絵図のような八幡宮が収まるわけがありません。

また、大手町の文房具屋さん「小山仁商店《こやまじん》」の所に長浜八幡宮があったという記録もあります。寛文《かんぶん》六年（一六六六）に川畑宗賢《かわばたそうけん》が長浜八幡宮の由緒を記した「江州湖東八幡宮并《なら》びに祭礼ノ由来」という文書です。曳山祭で神輿が八幡宮から御旅所《おたびしょ》に渡御《とぎょ》する時、大手町の仁右衛門（小山仁商店）から最初に神酒《みき》を捧げるのは、「其屋舗《やしき》本宮ノ旧跡ナレバナリ」と記しています。それが本当だとしても、そこだけに長浜八幡宮が収まるわけがありません。

どう考えればよいかというと、長浜の市街地の全域に八幡宮があったということだと思います。長浜の街の中には、中世の浄琳寺《じょうりんじ》遺跡、東光寺《とうこうじ》遺跡、西徳寺《さいとくじ》遺跡、長因寺《ちょういんじ》遺跡など墓跡や寺院跡が数多く存在しており、墓石もたくさん埋まっています。三十年以上前に私が長浜に来た当初、「茂美志屋《もみじ》」さんという有名な大手通りにあるのっぺいうどんのお店の下を掘ったら、柿経《こけらきょう》という中世のお経を書いた木片《もくへん》がいっぱい出てきました。おそらく寺院遺跡だったのだろうと思います。

なぜかといえば、八幡宮は、実体としては「勝軍山新放生寺」といって、社僧たちが管理するお寺だったからです。神仏混淆《こんこう》でしたから、お寺だらけだということは、八幡宮がそこにあった

長浜八幡宮往古図（長濱八幡宮蔵）

ことの証拠でもあるわけです。

おそらく今の長浜の中心市街地は、長浜八幡宮の前身、坂田郡八幡宮があったと考えていいのではないかと思います。秀吉は、それを東に移転させ、大きな空き地を造って城下町を造ったのだと思います。そのかわり、秀吉は長浜八幡宮に対して手厚い保護をしています。長浜八幡宮の社伝によれば、秀吉は天正元年（一五七三）に八幡宮へ社地として東西二町、南北一町を与え、翌年二月二十日には神領一六〇石を寄進して、九月から社殿の造営にかかりました。これは移転させた八幡宮に対する秀吉の配慮と考えるべきでしょう。

今浜村と小舟町組の深いつながり

では、今浜はどこだったかという話ですが、私は次のような仮説を立てています。長浜の曳山《ひきやま》祭《まつり》で唯一子ども歌舞伎《かぶき》を行わない小舟町組《こふなまち》（長刀組《なぎなた》）という組があります。長浜町の南西端の琵琶湖岸にあるのですが、かわりに「太刀渡り《たち》」という大きな太刀を持った武者姿の子どもを先頭にした行列が練り歩きます。これは祭の「親郷《おやごう》」といって、非常に特権的な位置にあるわけです。太刀渡りがあって、「翁招《おきな》き」と言って、竹の棒に札をつけたものを一番山に示さないかぎり、歌舞伎が始められません。つまり、小舟町組は子ども歌舞伎を始める合図も出します。

曳山も一三基のうち一二基はほぼ同じ形で、歌舞伎の舞台になっているのに、この一基だけ太

小舟町組による太刀渡り

御旅所の小舟町組曳山

刀を飾るまったく違う形をしています。八幡宮にも入ってきません。四月十五日はずっと御旅所に置かれて、この曳山が帰らないかぎりは他の曳山も帰れません。このように祭礼組織の中で特権的な権限を持つ組を「親郷」といいます。これは他の祭礼でいえば太鼓《たいこ》踊《おどり》などでもあります。

では、小舟町組はどこにあるか。「長浜町絵図」でいうと、①が舟町の通りです。今の駅前通りが②、慶雲館が③です。④の小舟町だけが大きな権限を持っているということは、ここが本来の今浜村だったと考えるのが合理的だと思います。私以外は誰も言いませんが。

秀吉は八幡宮の旧地に更地《さらち》をつくり、そこに新たに城下町をつくりなさいと命じました。それ

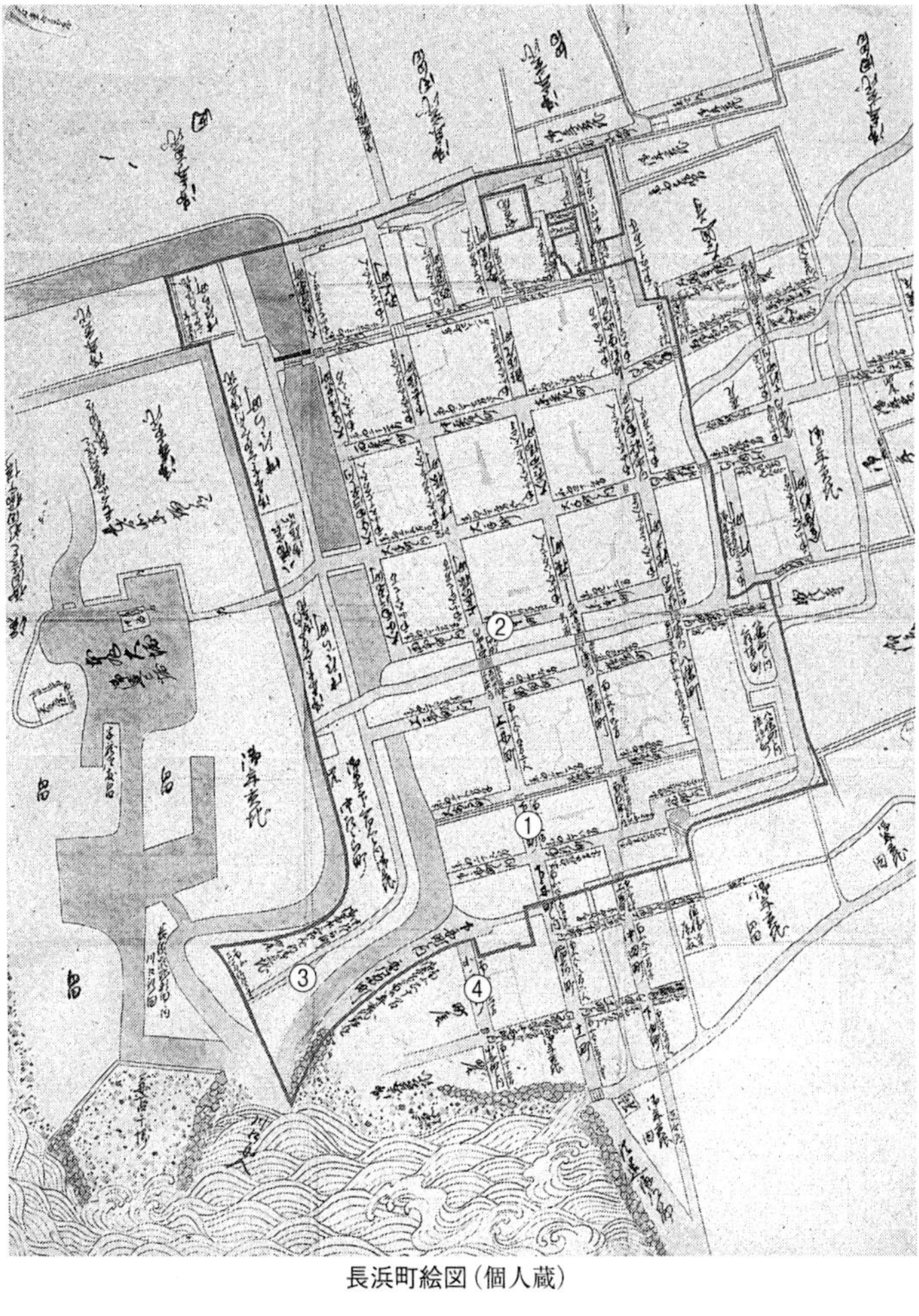

長浜町絵図（個人蔵）

が最古の近世城下町でありながら、よく整った形のものを造ることができた要因だと思います。そうだとすると、従来の小谷の城下町を今浜に移したという言い方は正確ではないとも思います。今村が長浜になったわけではないからです。それは言ってもややこしいですから、普通には今浜に移して長浜になったでかまいません。

これはとても大事なことで、安土は天正四年(一五七六)、長浜の後に城下町が造成されましたが、安土の場合、近世的な観点からは城は一流ですが城下町は三流です。安土の城下町には中世の寺社の参道などが残っていて軸線が三つあると言われています。そのため、きれいな城下町になっていません。岐阜も城は一流ですが、城下町は三流で、中世の都市の遺構が残り、それを破壊しきれていません。小牧は南北・東西方向に道が整備されたきれいな城下町ができたらしいのですが、残っていません。

長浜がすごいのは、秀吉が更地を造ってしまって、造りたいように城下町を整備した点です。そのため、現在の城下町の研究者からは「異常なる突出」とか言われるのですが、単に最古というだけで異常でもなんでもないのです。

5　秀吉による城下町造成

縦町と横町

それでは、どんなふうに長浜の城下町は出来上がっていったのでしょう。従来は小谷の城下町からその住民を移住させて長浜の城下町が成立していったと説明されてきました。しかし、どうやらそうではありません。城下町の造成は、第一期から第三期まで、天正元年（一五七三）から天正十年（一五八二）に秀吉が長浜を離れるまでの一〇年間を三つに分けられます。

まず第一期では、長浜城に対して縦の城下町を作っていきました。縦というのは城に対して向かう方向ですね。本町《ほん》、大手町《おおて》、魚屋町《うおや》、これは人から聞いた話ですが、日本全国どの町に行っても一番古い町は魚屋町と言うそうです。彦根のキャッスルロードの少し西にある魚屋町、これも古い町です。それから北町《きた》、瀬田町《せた》から横浜町《よこはま》に続く縦の道を先につくりました。縦町に対して直角の向きの町を横町と言います。大阪の町では横町を御堂筋《みどうすじ》のように「筋《すじ》」と呼びます。

なぜ縦が先だと分かるかというと、イス取りゲームではありませんが、辻の四つ角をすべて縦町が取っているからです。例えば、呉服町という横町が三つ、上《かみ》・中《なか》・下《しも》とあって、これは本町に近い南から順に上・中・下なので、船《ふな》町の場合は北から順に上・下となります。この呉服町は

第1期
第2期
第3期
のちの北国街道
N
外堀
(家中屋敷)
(家中屋敷)
(米蔵地)
(家中屋敷)
(諸役所)
中島
大堀
天守跡
御蔵屋敷跡
御馬屋跡
御殿跡
川口舟入
米川
十一川
大通寺
北出町
知善院
三津屋町
袋町
北片原町
郡上町
郡上片原町
知善院町
東北町
中北町
西北町
北伊部町
西御堂前町
東御堂前町
北裏町
宮町
十軒町
金屋町
金屋新町
片町
下呉服町
鍛冶屋町
中片原町
東魚屋町
西魚屋町
中魚屋町
南伊部町
南片原町
中下呉服町
大谷市場町
神戸町
大手町
(大手口)
南片原町
上呉服町
横町
中鞴町
東本町
西本町
箕浦町
横浜町
瀬田町
八幡町
箕浦町
上船町
紺屋町
大安寺町
南新町
下船町
上田町
稲荷町
中田町
小舟町
船片原町
十一町
下田町
町屋敷の年貢
300石を免除された
朱印地の範囲

長浜城下町成立過程図

三つとも角が取れずに縦町によって分断されています。つまり、縦町の方が先にできているということを意味します。

おそらく第一期で縦町が造られ、しばらく経って第二期で横町の部分を埋めていったのです。その名称から小谷から移った町とされる伊部町、郡上町、坂田郡南部の箕浦《みのうら》からの移住と考えられる箕浦町などはすべて横町です。おそらく基本となる縦町を造ってから、横町の部分に小谷の城下町を移したと考えられます。同じく小谷から移された知善院も横町にあります。また、浄《じょう》琳《りん》寺《じ》という寺が上呉服《かみごふく》町（元浜町）にありますが、これも小谷城下町近くの浅井郡西野《にしの》村から移されました。このように小谷から移った寺は、ほとんど横町にあります。そして、その後の第三期では、地図で示した町以外に、「南新町」という旧市立図書館の北側の通りから南の町もできました。ここが南端でした。

郡上片原町

この地図の北端にある第三期の町を見ると、とても細長いことがわかります。郡上片原《かたはら》町と袋《ふくろ》町は街区の真ん中に、京都の町でいう「突抜町《つきぬけちょう》」をつくっているからです。第三期しかできないこういう細長い短冊型の街区は、じつは日本の近世城下町の典型的な町割です。長浜の町の中は比較的正方形に近い街区をして

背割水路

勝福寺

いるので、真ん中に空地《あきち》があるのですが、それはどちらかというと未成熟な時代の近世城下町の特徴です。

次の写真は、勝福寺《しょうふくじ》という、今の祝《いわい》町の南側、和菓子屋の「親玉《おやだま》本店」の南にある寺ですが、四角い街区の真ん中にあって、通りに面していません。今は近くが駐車場になったので行けますが、昔はこの細長い通路を通らないと寺に到達できませんでした。正方形に近い街区の空いた空間に建てられたものです。他にも万華鏡がある場所も、古い城下町街区の空地部分です。

これは長浜の城下町が完成された近世城下町ではないことを示す証拠の一つだろうと思います。後から造成された北の方や南の方の町は細長い街区になっていきます。

特に南の地域は、背割《せわり》水路が発達していきました。

このように現在の町を歩いていても、第一期、第二期、第三期で、構造が違うことが分かります。

6　秀吉の城下町政策をめぐって

予想以上に長浜に流入した周辺農民

秀吉が、建造途中の長浜城下町について出した文書として著名なのが、「史料7　こぼ宛秀吉書状」です。本書は三か条からなっており、説明を補いながら内容を紹介してみます。

一　長浜の城下町が建造されるなか、長浜に移住して来た町人について、町屋敷の年貢・諸役免除の政策を継続して来たが、予想外に多くの周辺農民を呼び寄せる結果となった。これは困ったことである。

一　北近江三郡に広がる秀吉の所領以外から農民を呼ぶのであればよいが、領内の農民が年貢・諸役の免除を目当てに長浜町へ集まりすぎたら、村々の田地を耕作する者がいなくなる。そこで、長浜町への人口流入を食い止めるため、年貢・諸役免除を廃止しようと考えた。

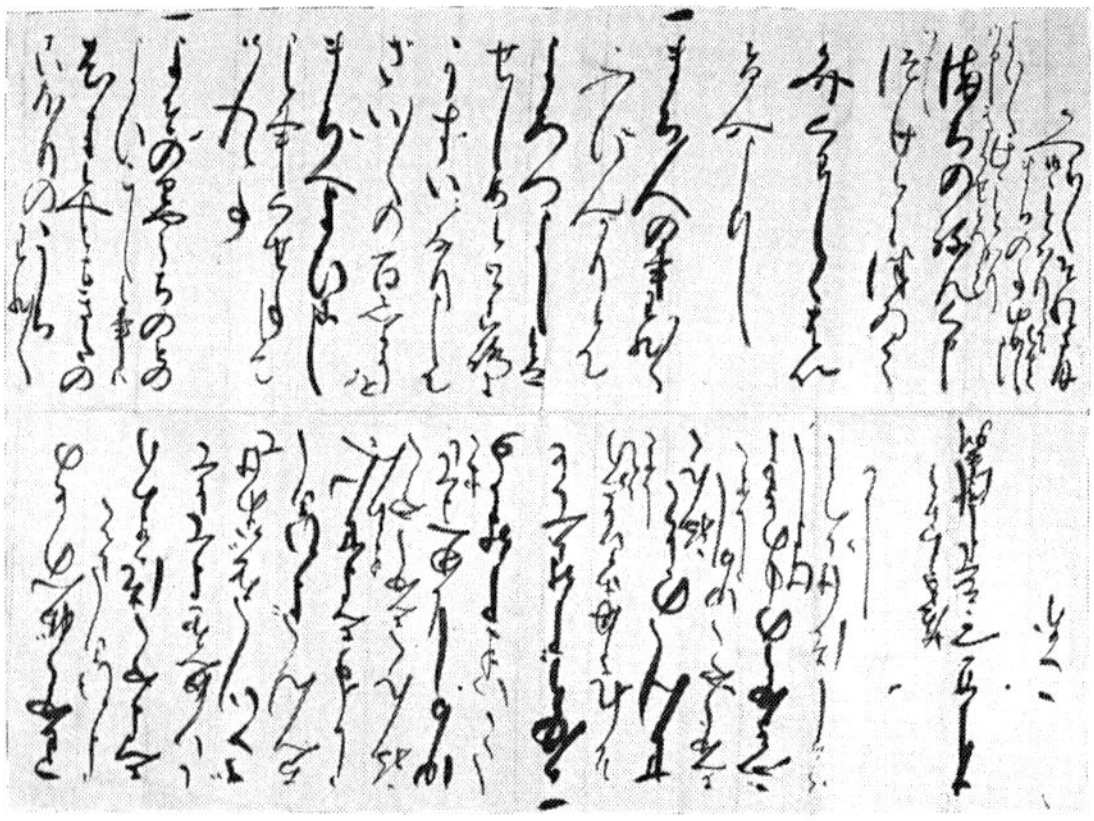

こほ宛秀吉書状写（長浜市長浜城歴史博物館蔵）

史料7　こぼ宛秀吉書状（長浜市長浜城歴史博物館蔵）

かへす〳〵それさま御ことわりにて候まゝ、まち《町》の事
ゆるし申候、よく〳〵此ことわり御申きかせ候へく候、
以上、
まち《町》のねんく《年貢》申つけ候ニつゐて、文くわしくはいけん申ま
いらせ候、
一まち《町》人の事、われ〳〵ふびんかり候て、よろつようしや《容赦》せ
しめ候ところ、うずい《踞》ニなり申候て、さい〳〵の百しやう《姓》
をまちへよひこし申候事、くせ事ニて御入候事、
一よそのりやうち《領地》のものよひかへし候事ハ、もっともニ候へ
とも、きたのこおり《近江国北郡》のうち、われ〳〵りやうぶん《領分》のものよ
ひこし候て、しよやく《諸役》つかまつり候ハぬを、よく候とて、
ざい〳〵をハあけてゐん〳〵ニよひこし申候事、しよせん《所詮》
まち人ニねんく・しよやくゆるし申候ゆへにて候まゝ、
たゝいま申つけ候事、
一かやうニ申つけ候へとも、それさま御ことわりにて候まゝ、
せん〳〵のことくねんく・しよやくゆるし申候まゝ、
ふきやう《奉行》のものともニ此よし御申つけ候へく候、かしく、

十月廿二日　　藤きちらう
　　　　　　　　ひて吉
こほ□

一　しかし、宛名の「こぼ」の主人から、前々のとおり年貢・諸役免除の政策を維持すべきと説得されたので、それを受け入れ、現場の奉行に対し先の免除政策を続けるよう命じる。

宛名の「こぼ」とは、秀吉の母・大政所《おおまんどころ》（なか）の侍女《じじょ》だった女性の名前です。秀吉は、母の斡旋《あっせん》により、長浜城下町の年貢・諸役免除廃止の判断を覆《くつがえ》したということになります。大政所は、長浜に不在がちだった秀吉に代わって、町民たちの意見や要求を聞く立場にあったことも示す、おもしろい書状です。

本書が出されたのは、二回目の秀吉「藤吉郎」名乗り期間の十月二十二日付で、天正七年（一五七九）か天正八年（一五八〇）の文書と特定できます。当時、長浜町では近郷からの人口流入が問題になっていたことを示しています。

7　長浜町遺跡の調査成果

現在も旧長浜町の中では次のような発掘が行われています。写真は平成八年（一九九六）の長浜町遺跡第一次発掘調査の様子なのですが、滋賀銀行長浜駅前支店のところで、上側がバス通り、右方向が北国街道、発掘している場所が銀行の建物、南の方は駐車場なので発掘されていません。駐車場の方には便所の跡があります。これは秀吉の時代の遺構で、石積のようなものも残っています。結論から言うと、今の町場とそれほどズレがありません。他には曳山博物館の敷地内などでも発掘されています。秀吉時代の遺構だとなぜ分かるかといえば、地震の跡があるからです。天正十三年（一五八六）に地震があったので、焼けた層が出てきます。

長浜町遺跡からは、写真のように陶器や磁器も発掘されています。こうして掘ってみても、やはり秀吉時代の町割りと現在の街区がそれほど違わないということが分かってきました。もちろん建物は一つも秀吉時代のものは残っていませんが、町割や街区に関しては秀吉の時代をほぼ踏襲していると考えてよいと思います。

平成８年の長浜町遺跡一次調査の航空写真
（長浜市提供）

町名にも呉服町や鍛冶屋町といった町名は、秀吉時代からの職種を示した名前ですし、長浜の市街地は日本でも最古の近世城下町だということが考古学的にも立証できるのではないかと思います。小谷から長浜への城下町の移転は日本でも一番早い例として、私たちは誇りに思ってよいのではないか思います。

長浜町遺跡第一次発掘調査で出土した皿（長浜市提供）

長浜町遺跡第一次発掘調査で出土した陶器類
（長浜市提供）

第3回講座

浅井長政・羽柴秀吉のマネーバトル

大阪経済大学経済学部教授
高木久史

1　私と長浜との関わり

大阪経済大学から参りました、高木と申します。実は私にとって長浜は思い入れの深いところです。私は以前、福井県にある越前町《えちぜんちょう》の博物館に学芸員として勤めており、お隣りの滋賀県へは仕事で何度か来ています。たとえば戦国武将の肖像画を展示する展覧会を開催した時には、長浜市に合併前の湖北町《こほくちょう》の小谷城址保勝会がおもちの浅井長政《あざいながまさ》の肖像画をお借りして展示したことがありました。

本日は、浅井長政と羽柴秀吉《はしばひでよし》という長浜の町と関わりの深い二人をピックアップして、マネーバトルという二十一世紀的な表現をしておりますが、経済、お金の側面においてこの二人がいかに苦労したかといった話をしてまいります。

私は中世から近世の日本経済史が専門で、特に貨幣や地域産業を分析対象としています。研究者向けの論文ではなく、一般向けに書いたものとして代表的な本が、中公新書の『通貨の日本史』という本です。古代から二十一世紀まで、千数百年のスパンで日本のお金の歴史について語っています。その後出したのが『撰銭《えりぜに》とビタ一文《いちもん》の戦国史』（平凡社）という本です。お金の歴史について戦国時代に絞った話をまとめています。また一番新しいものとして、『戦国日本の生態系《エコシステム》』（講談社）という本は、以前私が勤めておりました越前町での地域史研究の成果を踏まえ、戦国時代の庶民がどうやって生き抜いたのかを、山や海での生業を通して考えています。この本には近江国が何か所かに出てきます。越前の海岸部には海産物はありますが、針葉樹材の入手が難しいので、近江の人々へ塩や塩魚などを売って、その代わりに近江産の木材などを仕入れたことを示唆する記録が残っています。このように、地域間でどういった取引が行われていたのか、またその取引を担っていた庶民がどういった生活を送っていたのかを書いています。ぜひ、お読みいただければと思います。

本日のお話は、二冊目の『撰銭とビタ一文の戦国史』に書いている浅井長政と羽柴秀吉の通貨政策に関する部分をお話しいたします。

2　戦国時代における銭

当時のおもな通貨は、丸い形で真ん中に四角い穴が開いている金属でできもの、つまり銭でした。我々の世代ですと、「銭形平次《ぜにがたへいじ》が投げていたアレ」と言ったら通じるのですが、今大学に来ている学生さんには通じません。そのため、どうたとえばよいのか日々迷っているところです。それはともかく、こういった銅と錫《すず》の合金、現在の十円玉と同じような素材でできたものが中世、特に今回のお話の舞台となる十六世紀の戦国時代の日本における主要なお金として使われていました。

中世日本では中国からの輸入銭を使用

日本の昔のお金と言うと、教科書では、奈良時代の「和同開珎《わどうかいちん》」が最古級の金属通貨であると説明されています。一方、戦国時代はどのような通貨を誰が作って供給していたのかということについてはほとんど書かれていません。では、どうだったかというと、大きく二つあります。まず一つ目は、主に中国の政府が発行している銭を輸入したり、場合によっては中国で民間が模造した銭を輸入しました。今なら「偽造」なのですが、政府が銭をあまり作らなかったため、需要があったのです。

室町時代というと勘合貿易で将軍足利義満《あしかがよしみつ》がたくさんの銭を輸入したというイメージで語られることが多いのですが、実はその量は大したことはありませんでした。

かつ中国の明朝はというと、永楽通宝などを発行したことが知られていますが、実は、トータルでいうと、銭をあまり作りませんでした。そのため、日本が銭を輸入しようと思ってもなかなか量がたらないという状況にありました。それは明の人たちも同様で、国内で庶民が毎日の買い物に使うような銭も不足していました。そこで、明の前の王朝である宋《そう》の時代の銭の模造品が作られ、それが通貨として使われていました。

それを日本の人びとは輸入して、通貨として使いました。当時の室町幕府は金属通貨を発行しなかったからです。現代にあてはめれば、日本銀行が日本銀行券（いわゆるお札）を発行していないので、中国の人民元《じんみんげん》を輸入してそのまま通貨として使っているような状態だったのです。

たりないので中国銭の模造銭を製造

さらに、それだけではたりないので、二つ目として、日本国内で中国貨幣の模造品を作るようになりました。これが戦国時代の前の十五世紀に目立つようになります。こうした模造貨幣製造の拡大は、考古学の発掘調査から確認されています。京都、鎌倉、博多、堺《さかい》などから中国の銭をコピーしたものを作った跡や、作りかけの模造品が出土しています。それが日本国内では、普通に通貨として使われていました。

模造というより偽造というべきではないかとお考えになる方もいらっしゃるかもしれませんが、この時点で、中国の王朝は明であり、宋はすでに滅んでいます。たとえば現代の日本で清《しん》朝の通貨をコピーして使っているようなイメージです。

慢性的に供給不足だった銭

以上の二つの方法で銭が供給されるのですが、やはり不足したままでした。というのは、需要に対して供給が弾力的になされない。銭がほしいと思ったとしても、中国から銭を仕入れるためには、日本で商品を整えて中国まで持って行って売り、中国の現地通貨を調達して、それを日本へ持って帰るといった手順が必要です。つまり、とても時間がかかるわけです。現代であれば銀行などへ行って「お金貸してください」と言えば、審査さえ通ればすぐにお金を調達することができます。でもこの頃はそうではありませんでした。

また、当時の明との関係で、輸入はわりに低調だったと先ほど言いました。この時代に活動した「倭寇《わこう》」は、「海賊」というイメージが一般に強いように思いますが、むしろ「密貿易商人」とみなしたほうが適切です。当時、中国は江戸時代の日本におけるいわゆる鎖国と同様に、人の外国への移動や貿易が制限されていました。そんな中で商売しようとした人たちが倭寇です。つまり脱法的な存在です。倭寇は政府が認めていない貿易を、法の網をかいくぐっておこないました。明の銭を日本で売りさばけば結構旨味があったので、積極的に持ち込みました。

つまり、日本に流通していた中国銭の大部分は密貿易によるものだったのです。しかし、それも十六世紀中ごろに入ると低調になって、追加供給がなくなっていきます。

3　浅井長政の銭政策

小谷城下への割銭・無文銭・質屋に関するお触れ

銭《ぜに》が不足した状況に対して、浅井長政はどういった政策を取ったのでしょうか。これについては記録が残っています。永禄《えいろく》九年（一五六六）ですから織田信長が京都に攻め込んで天下統一戦を始める少し前の時期に、浅井長政は小谷の城下に対して以下のような触れを出しました。本日の話に関するところでは、大まかに以下の五つのことを言っています。

一つ目、「破銭《われぜに》」・「無文銭」以外の銭はすべて通用させる。

二つ目、小谷に住む他国出身者や他国と往来する商人は基準銭を他国へ持ち出してはいけない。

三つ目、質屋は質物《しちもつ》の受け取りを拒《こば》んではいけない。

四つ目、質屋は銭がないならば、期限を示したうえで、その期間内は質を取らないことを知らせよ。

五つ目、質屋は質物を安く受け取ってはいけない。

一つひとつ見ていきましょう。まず一つ目について。当時の日本においては等価値使用原則がありました。基本的には、どんな銭でも一枚一文とするという原則です。

現在の貨幣制度では、一枚で一円のコインもあれば、一枚で十円のコインもあれば、一枚で百円のコインもあるというように種類が豊富です。しかし、戦国時代においてはどんな銭でも一枚一文でした。現在から見ると、不便な話です。現在であれば、例えば九〇円を支払うのに五十円玉一枚と十円玉四枚で合計五枚のコインですみますが、当時は九〇文を払うのに九〇枚の銭が必要だったわけです。

ただ一枚一文の原則はあったのですが、それとはまた違う使い方もされるようになります。「撰銭《えりぜに》」といって、銭を選別する行為、つまり選《え》り分《わ》ける行為がおこなわれるようになります。本来ならばどの銭も一枚一文で使うことになっているのですが、例えば劣化が激しいものは一枚一文で受け取れません、といったことが社会の中で生じます。今でも錆《さび》がひどい十円玉は受け取るのを拒否する感情があると思うので、これは共感していただけると思います。場合によっては永楽通宝など、銭の種類により選別が行われることもありました。

無文銭

こうした撰銭という行為に浅井長政はどう対処したかというと、破損した銭と無文銭すなわち堺などでつくられていたことが確認されている文字がない銭以外は全部等価にせよと命じたのです。

これによって、銭の流通量を増やすことができます。撰銭でハネられる銭が生じると、もともと供給のたりない銭がさらに減ってしまうので、それを阻止しようとしたわけです。現代では金利を操作することで通貨供給量を増やそうとすることがありますが、市場におけるお金の量を増やそうとしている点では同じです。

二つ目について。小谷に住む他国出身者、他国と往来する商人は、基準銭を他国へ持ち出してはいけないというのも、やはり銭の量を維持するためのものです。「基準銭」というのは私など現代の研究者が使っている言葉で、一枚一文として使われる銭のことです。撰銭という現象が起きており、かつ一つ目で浅井長政が定めているように、小谷では基準銭の範囲が広い場合、他国の人からすれば、自分が住む地域、例えば現在でいう岐阜や名古屋、京都などで一枚一文に値しないとされている銭を、小谷へ持っていけば一枚一文として使えることになります。そのため、他国では受領を拒否される銭を小谷へ持ち込んで他国で基準銭として扱われている銭と交換して持ち出せば、利益を得ることができるということです。すると、小谷から基準銭が流出してしまい、他国では使えない銭ばかりが小谷に残るので、小谷の住民は他国から商品を買うことが難しくなります。

そこで、小谷から基準銭を持ち出してはいけないと規制することによって、小谷における銭の量を維持しようとしたわけです。

三つ目の「質屋は質物の受け取りを拒んではいけない」について。何か買う必要があるのに銭がない場合、質屋に行って何らかの質物（＝質種《しちぐさ》）を差し出して、お金を貸りようとするわけです

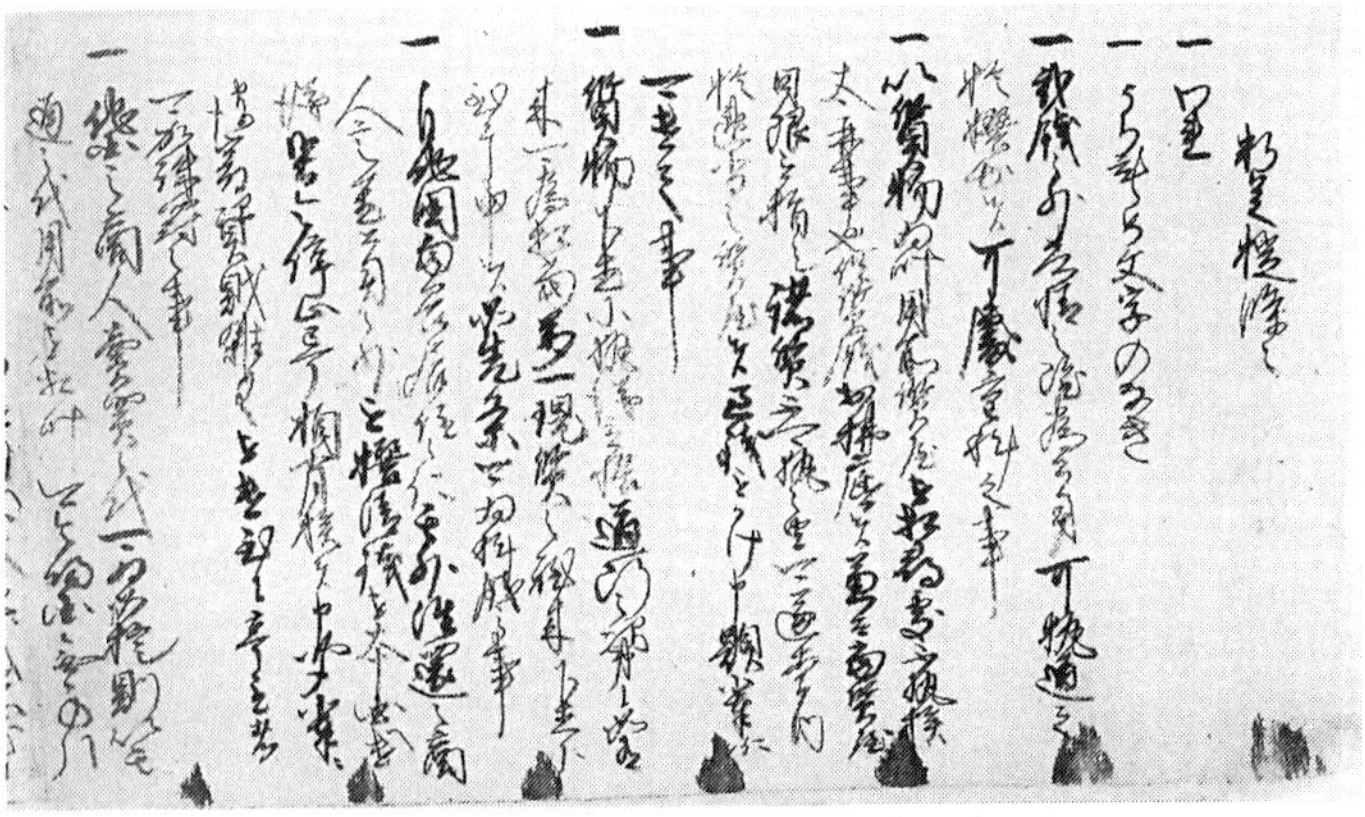

浅井長政料足掟条々案　国宝　永禄９年（1566）９月１日
（菅浦自治会蔵、滋賀大学経済学部附属史料館保管）

史料１　浅井長政料足掟条々案　（菅浦自治会蔵）

料足掟条々

一ワれ
一うちひらめ、文字のなき
一貳銭之外如何様之雖為公用可執送之、
於撰出者可處重科之事
一以質物為叶用所質屋を相尋處、不執族、
太曲事也、但質銭於払底者、兼而当質屋
日限を指シ、諸質不可執之由可遂案内、
於違背之質屋者過銭をかけ、中顕輩仁
可遣之事
一質物下直に執儀言悟道断之次第候、如有
来可為相当、萬一現質之程来下直に
至于申者、如先条可為科銭之事
一自他国当谷居住之仁、其外往還之商
人定置公用之外を、撰清銭を本国へ遣
儀堅令停止畢、相背族者、中聞輩ニ
彼宿資財雑具を遣、至于亭主者
可加誅罰之事
一他国之商人賣買之代可為如掟、則以其

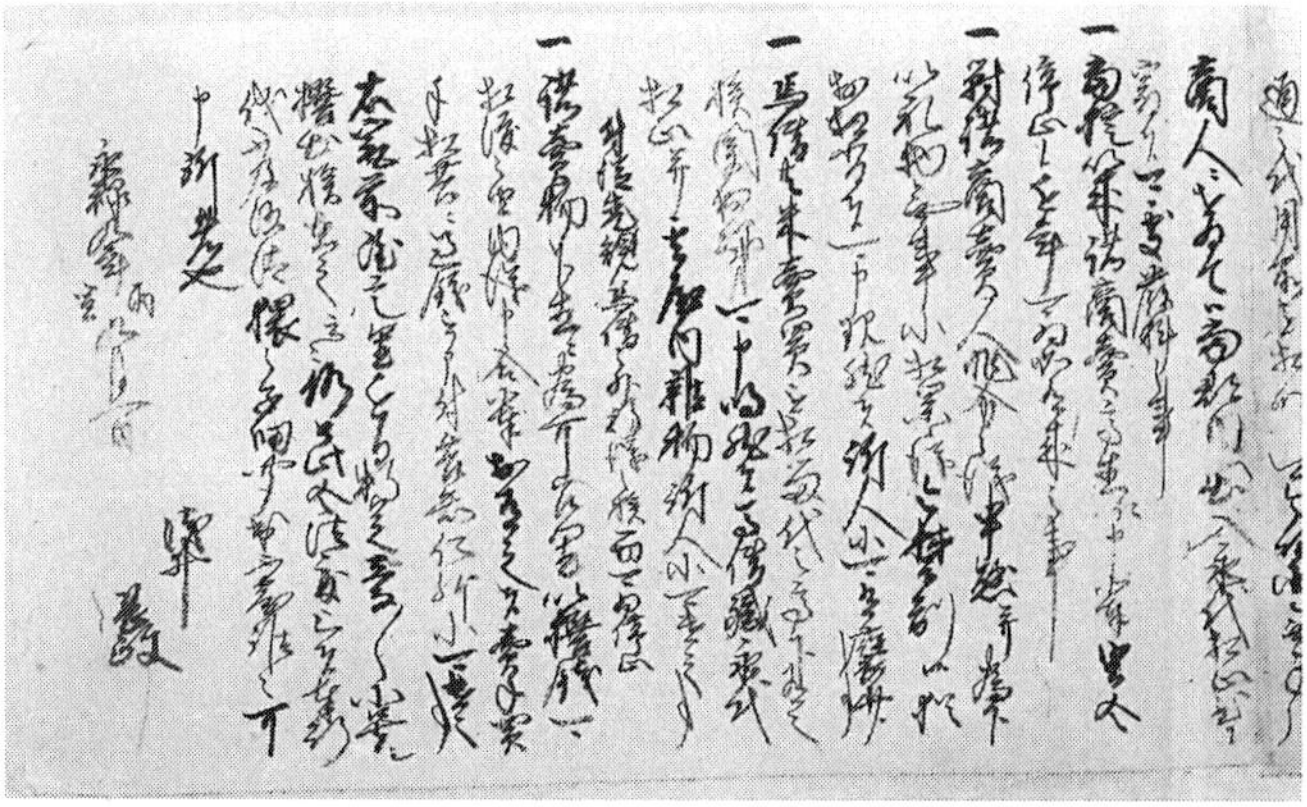

通之代用所を相叶可令帰国、無承引
商人ニをゐて八、当郡内へ出入永代相止、至于
宿者可處厳科之事
一当掟以来、諸商賣高直仁中輩堅令
停止候、近年可為如有来之事
一対諸商売人、非分之儀申懸并為下
以礼物無事に相果之儀令禁制候、猶
於相背者可申現、然者訴人に可有褒美事
一馬借共米売買を相留、代之高下有之
族、聞出次第可申明、然者馬借職永代
相止、并其屋内雑物訴人に可遣之事
　付従先規馬借之外、新儀之族一切可為停止、
一諸売物下直ニ為可召置、以撰銭可
相渡之由内儀申合輩於有之者、売手買
手相共ニ過銭を申付、告知仁躰に可遣之事
右最前雖定置、近日料足しな〳〵に号シ
撰出族在之云々、仍如此令法度上者、奉行儀
不及沙汰、猥之子細聞出、不寄誰々可
申訴者也、
浅井
永禄九年丙寅九月一日　長政

が、そもそも銭の供給がたりない場合、質屋はお金を貸したくても貸せません。

領主と関わるところでは、領民が銭で税を払おうとして、手元に銭がない場合、質屋からお金を借りて税を払う、という選択肢が考えられます。ですから、質屋は、質物を持ってきてお金を貸してくださいと依頼されたときには、その受け取りを拒んではならない。つまりお金を貸してあげなさい、と言っています。

四つ目の「質屋は銭がないならば、期限を示したうえで、その期間内は質を取らないことを知らせよ」について。これは、質屋が銭を貸したくても貸せない場合、手元に銭がないときは貸せない期限をちゃんと示しなさい、すいませんが、○月○日までは営業停止します、手元にお金がありませんのでごめんなさいと明言しなさい、ということです。

五つ目の「質屋は質物を安く受け取ってはいけない」について。これは、お金を貸すにあたって差し出される質物を適切に評価して相応の額のお金を貸してあげなさい、ということです。銭の流通量がたらない場合、金融業者は貸ししぶることも増えるわけですが、浅井長政は、積極的に貸し出しなさい、と言っているわけです。

銭不足に悩まされた戦国大名

以上の五つのことを改めてみてみると、いずれもその背景として、社会における銭不足があっ

小谷城跡から出土した古銭（長浜市提供）

開元通宝	□祐通宝	開元通宝	元豊通宝	世高通宝（琉球銭）
景徳通宝	洪武通宝	皇宋通宝	嘉祐元宝	元□通宝
嘉靖通宝	治平元宝	永楽通宝	元豊通宝	元豊通宝

たことがわかります。これらはたくさんある条文の中から五つをピックアップして現代語訳したのですが、最後のところに次のように書かれています。「以上のことを先ごろ定めたにもかかわらず、近日、銭をいろいろと種類分けし、選別する輩《やから》がいるということである」と。

以前にも定めたがまた撰銭をする者が出てきたというのですね。つまり、前に一度命令したのに領民は従っていないので、もう一度命じたわけです。そのことは何を意味するかというと、繰り返し命令するほど、浅井長政は銭不足に悩まされていた、ということです。

戦国大名として銭不足で困る理由の一つは、戦争です。戦争には多大な物資が必要です。武器や装備、食糧などを調達する必要があります。それをすべて小谷の城下町の中でそろえることは難しいでしょう。

たとえば当時最先端の武器である鉄砲の場合、近くの国友で生産がこのころおこなわれていたと伝わるので、ある程度自給することが可能だったかもしれませんが、全部調達するのは無理です。仮に鉄砲本体はすべて国友で作れたとしても、弾丸と火薬を自給するのは無理です。北近江には鉛《なまり》鉱山がないからです。当時、戦国時代の日本において弾丸として使われた鉛は、東南アジアからの輸入に依存していました。つまり、仮に鉄砲そのものがこの地域で作れたとしても、弾丸の素材は外国から輸入する必要があるということです。火薬の原料の一つである硫黄《いおう》も、火山が存在しない近江では、他国から調達する必要があります。

ここまでやや極端な例を挙げましたが、要は、浅井長政が戦をしようと思えば、小谷の城下町以外から何かしら大なり小なりものを買う必要がある。そのためには銭が必要でした。領内から税として銭を吸い上げて、その金属通貨で他の地域から物を買うといった手順が欠かせません。

浅井長政がものすごい信用力を持っていて、たとえば京都や堺の大商人からツケで買うことができたというのであれば話は別ですが、浅井長政の場合は、おそらく現金で物を買う必要があったと思います。記録がないので、絶対とはいえませんが。

ですから、小谷の城下町での取引においては、品質の悪い銭でも一枚一文として使ってよいと命じている一方で、長政自身は他国でも通用する基準銭がいるのです。それだけの量の銭を小谷に確保しておく必要がありました。

だから他国へ持ち出すのはダメ、また、金融業者＝質屋は家来である武士や一般庶民に対して銭を貸してなさい。そういうことを領主が保証することによって、人びとは小谷で安心して生活することができるわけです。銭不足では、みんながみんなツケがきくとかでなければ、商売もできません。小谷には十分な通貨があるという状況を作っておいて初めて、領主自身が必要なものを外部から買うことができます。だから銭不足、通貨不足は、地方の戦国大名にとって死活問題だったといえます。

最近のドラマや小説はそうでもないですが、ひと昔前の戦国ものの創作では、戦国大名はとても暴力的で、威圧して領内の民を支配するといった描かれ方をしたものです。たとえば「お殿様に立てついたら首を切られてしまうぞ」と言ってビクビクしながら無理難題にも従うみたいなイメージがありました。しかし、先に紹介した浅井長政の法をはじめ当時の記録をみていると、そんなことはまったくなかったことがわかります。現実には多くの領民が命令に従いませんでした。そのため、繰り返し命じなくてはならず、領主の目論見どおりにはなかなか進まなかったのです。

また、当時は秀吉による刀狩の前ですから、一般庶民も普通に武装していました。領民に無理強いをすれば、反乱が起こる可能性もあるので、領主の側はかなり気をつかう必要があります。

ですから、私のイメージでは、戦国時代にビクビクしていたの誰だったかといえば、戦国大名です。いつ反乱を起こされるかわからないなかで、自分が生き延びる道を探ったのですから。他国から攻められることもさることながら、身内からの反乱は、体制の崩壊にけっこう直結する。そんな中でどうにかして自分の領地を維持することが、当時の大名＝地方政府が頭を悩ませた問題であったと考えるべきであると思います。

4　羽柴秀吉の銭政策

秀吉に禁止されるまでは銭を作っていた長浜

続いて、羽柴秀吉の経済政策に移ります。時が下って、天正十二年（一五八四）、本能寺の変の二年後で、小牧《こまき》・長久手《ながくて》の戦いという秀吉と徳川家康の一大決戦が行われた年です。当時、長浜を支配していた秀吉は、「長浜惣中」つまり長浜の町全体に対して次のようなお触れを出しました。

長浜で銭の私造を禁じる。

それまで長浜の地で銭が製造されていたのですが、今後は作ってはいけません、という命令です。それ以前に長浜で作られていた銭が具体的にどんなものだったか、記録がなく残念ながらわかっていません。もしかしたら、今後の発掘調査で何か見つかることがあるかもしれません。もし、銭の鋳型や銭の模造品が出土するといった新発見があれば、大急ぎで論文を書いて長浜市に提供しますので、私にご一報ください（笑）。

禁じるということは、それが実際に起こっていたことを意味します。つまりその時点まで新しい銭を作っていたことになります。この長浜で製造されていた銭はおそらく中国の銭のコピーでしょう。この時代に京都や堺、博多で作られていた銭と同じようなものを、長浜でも作っていた

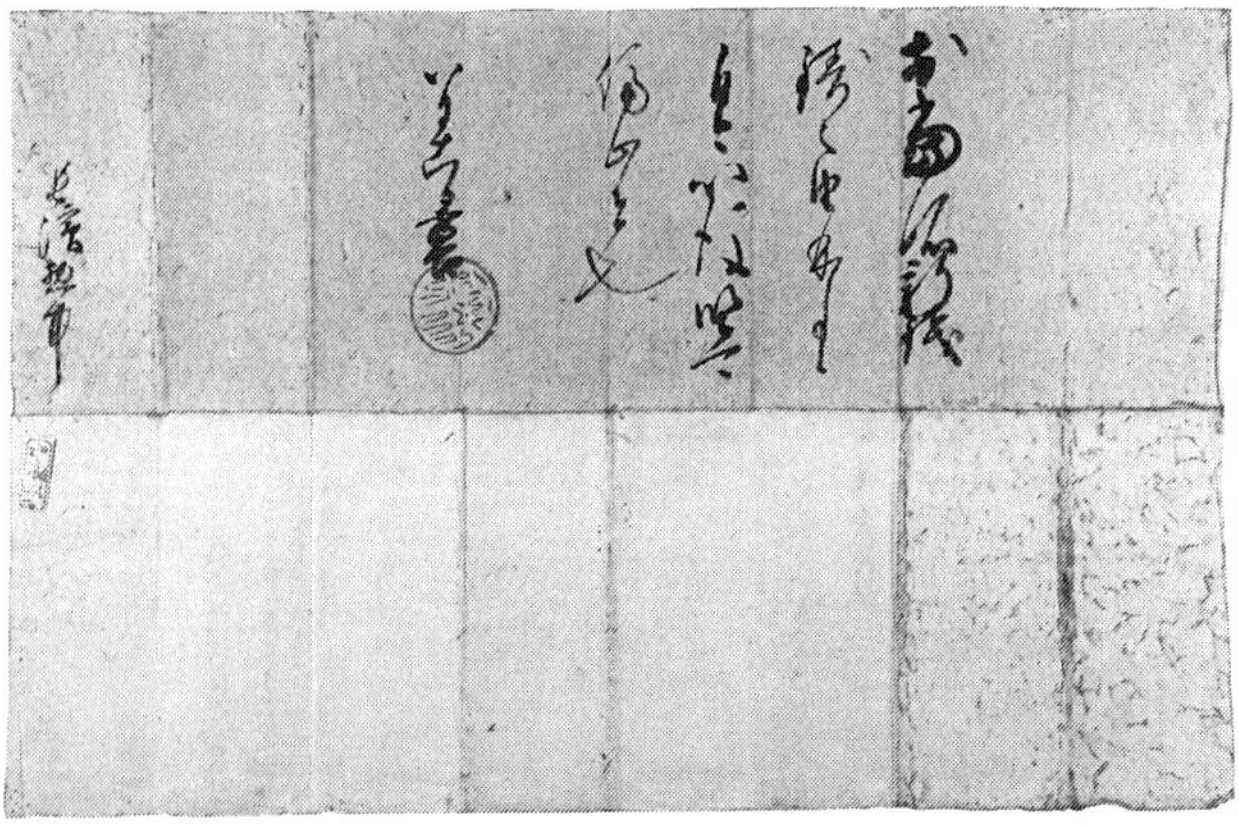

羽柴秀吉長浜惣中宛朱印状　(無年) 8月18日(下郷共済会蔵)

史料2　羽柴秀吉長浜惣中宛朱印状
(下郷共済会蔵)

於当所新銭
鋳之由、曲事候、
自今以後堅可
停止者也
八月十八日　秀吉(朱印)
長浜惣中

と考えられます。

浅井長政のところでも申しましたが、この状態は現代人からするととても奇妙です。もし、今現在の中国で製造発行されている通貨のコピーを日本で作ったとすれば、外国通貨偽造罪に問われることに加え、外交問題にまで発展するかもしれません。それが戦国時代の日本の場合は、当時の明国ではなく、その前の元《げん》のもう一つ前の王朝である宋の時代の銭が圧倒的多数を占め、それが日本国内で普通に使われていました。中国サイドからすればもうすでにその王朝は滅んでいるわけですが、明代の庶民は庶民で、前の前の王朝である宋の時代の銭の模造品を作り、なかには日本に輸出する者もいたのです。通貨は政府が製造などをしっかり管理するのが当たり前と考えている現代日本人から見れば、なんともケッタイな時代です。これはいつも大学などで話すのですが、「現在の我々の常識は歴史上においてだいたい非常識である」ことを示すよい見本だろうと思います。

ですから、私は「偽造」という言葉は使わずに、「模造」という言い方をしています。当時の日本ではすでに、銭を日本国内で作ることが可能でした。原料の銅を日本国内で調達できるからです。江戸時代に入ってからの話ですが、世界で有数の銅の生産国となり、愛媛県の別子《べっし》銅山などが産出した銅はオランダや中国に輸出されました。この銅山を開いた泉屋《いずみや》がのちには日本を代表する財閥、住友《すみとも》になるわけです。

その前の段階である室町時代には銅の国産がすでに拡大しており、民間では中国の銭をコピーした模造貨幣を作り、市場に供給していました。というのも、室町幕府は供給してくれないからです。

では、室町幕府は銭に対してどういう態度をとっていたのでしょうか。いくつか記録が残されていますが、一五〇〇年ぐらいの記録で、日本産の模造銭は使ってはダメだというようなことを言っています。その数年後に、また日本国内で最近銭を製造することを禁じるという法を定めました。

秀吉は貨幣の発行権を独占しようとしたのか?

将軍をはじめ末端の家来まで、毎日必要なものを買う必要があります。当時の京都は国内で突出した大都市で、工芸品などの生産技術は突出していましたが、食糧は外部から調達する必要があります。自分たちが必要なものを入手して生活していくためにお金がいるのです。禁止してはみたものの、最近の状況からして民間で勝手に作っている銭を使うなと命じれば、幕府の役人たちも買い物ができなくなる可能性があるので、全面的に解禁というわけにはいかないけれども、部分的には認めるように態度が改まったことが記録から読み取れます。

そうした室町幕府に対して、秀吉はどうだったのか。長浜での禁止令を、秀吉がどういった経緯で発したのか、残念ながら、よくわかりません。これが秀吉自らも銭を作っていて、それ以外の者が銭を作ることを禁止したみたいな命令であれば、なんとなく理解できます。実際、江戸時代の徳川幕府は寛永通宝の製造を、指定した業者だけに限定しました。ここのところをもう少し説明しておくと、徳川幕府による銭の製造は幕府直営ではなく、民間の製造業者に委託しました。その業者以外が作ることは禁止したのです。

社会で一般に流通するような銭を秀吉は発行したかどうかということについては記録がなく、よくわかりません。ですので秀吉が銭の製造を独占するために長浜での製造を禁止したと説明するのはちょっと難しい。

ただ、銭を勝手に作るなと命令するということは、裏を返せば、銭の供給を規制する権限は自分にある、ということを社会に対して宣言したということはいえます。あえて言えば、この貨幣の発行権を独占しようとする発想は、まさに近代国家的なものです。現代の日本でも通貨を製造し発行するのは政府と日本銀行だけとなっています。

通貨を供給するのは誰かを法が強く規制しているのが、現在我々が生きている社会です。これが近代国家に特徴的な貨幣発行のあり方であることを考えると、秀吉もそれに近い発想を持っていた可能性があるかもしれません。残念ながら記録が残っておりませんので、あまり踏み込んだことは申し上げることができませんが。

銭の産地だった近江国坂本

ついでに申し上げると、戦国時代から江戸時代初頭にかけての近江は、銭の特産地といってよい場所でした。禁止令があったことでわかる長浜がその一つでしたが、もっと有名なのが坂本《さかもと》（大津市）です。坂本で大量の銭を作っていたことは記録が残っています。坂本については、銭の金属の鋳型を作るさいに必要な土の特産地としても記録が残っています。

江戸時代の初め、坂本産の銭がオランダ東インド会社によって平戸から東南アジアへ輸出されていました。ベトナムのあたりでは銭を作る歴史があったのですが、それだけではたらなかったので、日本で製造された中国の銭の模造品がオランダ人を通じて輸入され、使われるようになります。日本で作った中国の銭がベトナムで使われるという、なんとも複雑な状況です。

寛永通宝　称坂本銭

坂本でも作られた「寛永通宝」は、徳川幕府が全国的に通用する銭として寛永十三年（一六三六）から幕末に至るまで製造・発行したものです。銅などの金属加工技術をもった民間の業者を募って委託生産させたものです。のちには東は仙台・水戸から西は九州まで、日本各地に産地ができるのですが、坂本は江戸とともに最初に指定された生産地の一つになります。昔から作っていたので金属加工のノウハウがあったのでしょう。

日本の貨幣の歴史として学校の教科書で教わるものは、天武天皇ぐらいのときの「富本銭《ふほんせん》」、奈良時代の「和同開珎《わどうかいちん》」があり、平安時代に入ると中央政府による金属通貨の供給は止まります。その次に出てくるのは徳川幕府の「寛永通宝」です。平安時代から戦国時代までの空白期間に人々はどうしていたのかというと、本日申し上げたように中国から輸入した銭、もしくは日本国内で中国の銭を模造したものをお金として使っていました。このことは、あまり教科書では語られないのですが、もっと重視するべきなのではないかと考えています。

5　まとめ

それでは、本日の話のまとめです。まず、戦国時代の浅井長政や羽柴秀吉が直面していた問題はなんだったのか。それは銭不足でした。地方政府＝戦国大名は領内運営や戦争のために銭を必要としていましたが、たりていませんでした。

そこで浅井長政が考えたのは、使われる銭の数を増やすことでした。そこで、撰銭によって排除の対象となっていたような銭でも一枚で一文として使いなさいと命じました。加えて、金融業者に対しては貸ししぶりを禁じました。ただ、他国で基準銭として使われる銭が小谷の外へ流出してしまうおそれがありました。そうすると、商品の移入が難しくなります。そのため、往来する商人たちに基準銭の他国への持ち出しは禁止しました。こうした法を小谷の城下町に対して示すのですが、なかなか浅井長政の思いどおりにはいかず、人々は必ずしも従いませんでした。

続いて湖北を支配した羽柴秀吉は、長浜で銭の鋳造がおこなわれていることを目にして、これを禁止しました。その理由については、残念ながら記録がないのでわかりません。秀吉は政府によって貨幣発行権を独占しようとする思考を持ち、近代国家的なシステムをつくろうとしたのだといった見方もできますが、それは秀吉を持ち上げすぎかもしれず、事実はよくわかりません。私などは、銭が不足しているのならもっと積極的に製造させてもよいのではと思ってしまいますので、秀吉の禁止命令については、何か理由があるのでしょうが、よくわかりませんというのが、私の評価です。

最後に皆さんに向けてのお願いがあります。本日お話しした内容は、長浜市をはじめとする滋賀県に関する記録を追うことによって見えてきました。それらの記録は皆さんの先祖が代々大切に継承してきた古文書なり記録を我々研究者が見ることによってわかったものです。今後とも古文書をはじめ、文化財の保護にご協力をお願いします。もし、皆さんのお宅に古文書などがありましたら、決して捨てたりせずに、長浜市の文化財保護のご担当者にご相談いただければと思います。

6　質疑応答

司会（古山明日香：長浜市生涯学習課文化財保護室）　ありがとうございました。文化財を担当している者としてはとても心強いお言葉を最後にいただきました。

お話の中に出てきた「浅井長政は京都に来てツケで買い物ができたか？」という問題ですが、京都や朝廷では浅井氏は京極《きょうごく》家家臣として認識されていたので、ツケで買うのはちょっと難しかったのではないかなと思います。何か関連の文書が発見されれば、高木さんにすぐにお伝えしたいと思います。

それでは、会場の皆さんから高木先生へのご質問はございますか。

質問者A　戦後時代のお金で最初に頭に浮かぶのは織田信長が「永楽通宝《えいらくつうほう》」を旗印に用いていたことなので、これは何を象徴していたのか教えていただきたいと思います。また、信長の撰銭令の中で「永楽通宝」と「宣徳通宝」だったかの価値を二分の一にしているものがあるのですが、その差は何だったのか教えていただけますでしょうか。

高木　まず、最初のご質問の信長の政策における永楽通宝の評価に関しては、研究者によって見解が分かれます。一方の見解として、信長が永楽通宝のデザインを旗印にしたのは、信長が貨幣制度や経済に明るかったことを示しているというものです。しかし、私はそれに対しては否定的です。なぜなら、永楽通宝は同時代にあたる明王朝が発行した貨幣で、当時の銭の代表例として語られることもありますが、実際の生産量は少ないものでした。そのため、当時の日本において流通していた銭を眺めると、圧倒的多数は宋の時代のものであり、永楽通宝の比率はどちらかというと小さいです。

また、信長の育った尾張でどうだったかはちょっと微妙ですが、京都もふくめ西日本において永楽通宝は嫌われた銭でした。ですから、別の研究者の見解として、あの旗印は単に文字の意味、「永楽」＝永久に楽しむという縁起のよさを好んで信長が用いたというものがあります。こちらにしても、何か信長自身の発言など裏を取れる根拠はないのですが、どちらかというと私は後者の見解を支持しております。

永楽通宝

その上で信長の貨幣法における永楽通宝の位置づけなのですが、その貨幣法には、私の知っているかぎりでは永楽通宝は出てきません。「宣徳通宝」という明の時代に作られた銭をディスカウントするよう命じています。一枚一文ではなく、二分の一文として扱えという命令です。この中に「永楽通宝」は出てきません。そのことからも信長が「永楽通宝」に対してどう評価していたのかはわからないのです。

質問者B　二つ、質問があります。一つは、国産の貨幣について、皇朝十二銭《こうちょうじゅうにせん》というものがありましたが、平安時代に終わってしまい、それ以降、国産の貨幣が発行されませんでした。鎌倉幕府や室町幕府に貨幣を発行する意識がなかったのはなぜですか。

二つ目は、秀吉の時代に長浜で貨幣が作られていたとのことですが、作っていたのはどういった人たちでしょうか。また、作られはじめた時期が、浅井長政が北近江の領主だった時代からであれば、長政はどんどん作らせて銭を増やそうとしたと思うのですが、その辺りはどうだったのでしょうか。

高木　まず一つ目について、八世紀に発行された「和同開珎」から平安時代中期の一〇世紀に発行された「乾元大宝《けんげんたいほう》」までの銭を皇朝十二銭《こうちょうじゅうにせん》と一般に称します。平安時代の中央政府＝朝廷が金属通貨の発行をやめてしまったのはなぜかといえば、朝廷にとって必要がなくなったからです。そもそも、たとえば「和同開珎」がなぜ発行されたかといえば、平城京を建造することが目的でした。雇用者は給料として銭を得て、その銭で物を買ったり、税を払ったりするようになりました。

これは裏を返せば、平城京や平安京が完成してしまえば銭を作る必要はない、ということになります。鉱山を探し出して採掘してそれを加工するにはかなりコストがかかりますので。このように、古代の銭は朝廷の都合によって始まり、都合がつけば民衆の利便性などは考えず終了しました。

二つ目の質問について、長浜における銭製造と浅井長政の関係については、残念ながらまったくわかりません。先ほどご紹介した天正十二年(一五八四)の記録もそれだけが残っており、前後関係は不明です。新たな資料が長浜から見つかれば最高ですね。

質問者C 本日の講演であまり話題にならなかった金と銀と銭の関係を簡単に説明いただけますでしょうか。

高木 非常に重要な質問です。本日はあえて割愛《かつあい》したのですが、浅井長政や羽柴秀吉の時代は、金や銀を金属通貨として使うことがようやく普及し始めた段階でした。浅井長政の時代には庶民社会などで流通するような金貨・銀貨を政府はまだ発行していません。

一方で民間レベルで金貨や銀貨の規格化が進みます。これが京都の特定の規格へ収斂《しゅうれん》していき、それに乗っかる形で秀吉は金貨・銀貨を発行しました。徳川幕府の金貨・銀貨もその延長線上にあります。

つまり、民間先行なのです。銭も日本国内の民間でまず作っていました。だからこそ、徳川幕府はそれに乗っかる形で坂本などで銭を作り始めたのであり、金貨・銀貨についても同様でした。

参考文献

黒田明伸『貨幣システムの世界史』岩波書店（二〇二〇年）
櫻木晋一『貨幣考古学序説』慶應義塾大学出版会（二〇〇九年）
高木久史『日本中世貨幣史論』校倉書房（二〇一〇年）
高木久史『通貨の日本史』中央公論新社（二〇一六年）
高木久史『撰銭とビタ一文の戦国史』平凡社（二〇一八年）
平尾良光ほか編『大航海時代の日本と金属交易』思文閣出版（二〇一四年）
安国良一『日本近世貨幣史の研究』思文閣出版（二〇一六年）

第4回講座

出土品から見る小谷城のくらし

―発掘調査で出土したモノから―

福井県立一乗谷朝倉氏遺跡博物館　特別館長

小野正敏

1　戦国城下町の調査

本日の講座では、「出土品から見る小谷城の暮らし」というテーマをいただきました。私自身は小谷城跡へ二～三回しか訪れたことがなく、小谷城に関してもそれほど詳しいわけではありません。のちほど中井さん、太田さんという小谷城に詳しいお二人とパネルディスカッションをさせていただきますが、お城の方面からですと、このお二人にはまったくかないません。私が勝負できるのは、全国レベルでたくさんの遺跡、特に中世の遺跡から出土した陶磁器を見てみた経験によってです。

福井県の一乗谷《いちじょうだに》という朝倉《あさくら》氏の戦国城下町の調査の中で中世の考古学をやってまいりました。私たちがこの一乗谷の調査をやるようになった、昭和四十六年（一九七一）に特別史跡になり、この後調査が続いています。その少し前、昭和四十五年頃から五、六年かけて発掘調査と整備を進められていたわけですが、それよりも前にこの滋賀県の小谷城あるいは観音寺《かんのんじ》城という二つの大きな戦国城の調査がおこなわれており、私たちが一乗谷を調査する際にも大変大きな先行研究として勉強になりました。逆に言えば、当時、全国を探しても、山の上の城跡を大規模に掘って、建物の遺構や石垣の遺構を調査するといったことはほとんどなされていませんでした。ですので、私たちが進めた一乗谷の調査においても、模範とさせていただいた調査であったというふうに思っております。

今でもその気持ちは変わらないのですが、あれから五十年経ちました。私たちは一乗谷で大変恵まれた環境の中で半世紀調査を進めてまいりました。現時点では、全国の戦国城下町の研究のメッカとして誇れる仕事になったと思っております。ひるがえって、私たちよりも先行していたはずの小谷城と観音寺城における考古学的な史跡としての調査あるいは研究は、近年どうなのだろうかと思いもします。

朝倉氏遺跡調査研究所の開設
（一乗谷朝倉氏遺跡博物館提供）

遺跡がどんなによくても、正当に評価され、研究成果の発表がないと学界の資源にはなりません。何が必要なのか、ひとつの遺跡を保存し、そこに学際的な組織を作り、継続して調査と研究を進めていく必要があります。これを、私たちは「一乗谷型プロジェクトモデル」というふうに呼んでいます。朝倉氏遺跡の場合は、国の特別史跡指定の翌年、昭和四十七年（一九七二）に朝倉氏遺跡調査研究所という研究施設を作りました。この施設の業務は、昭和五十六年

（一九八一）に開館した福井県立一乗谷朝倉氏遺跡資料館に引き継がれ、名前こそ変わりましたが、あれから五十年後、朝倉氏遺跡博物館に改組し、現在もまだ調査と研究が続いています。滋賀県の小谷城や観音寺城とは、この差が非常に大きかったのではないかというふうに思います。

また、プロジェクトでもう一つ大事だったのは、発掘成果を論文などで研究者向けに発表するだけでなく、史跡公園整備と博物館施設を用いて遺跡が見えるような形で市民に公開する、「歴史の見える化」と申しておりましたが、そうしたことを行いました。この二つを通じて、この調査によって何がわかったのかを発信していきました。

さらにつけ加えれば、私たちには単に一乗谷という一つの戦国城下町を調査するためだけではなく、全国の戦国時代の研究センターとして、この施設は機能しているという思いがありました。その結果、うまくいったかどうか、それは外部の判断によりますけれども、ああした戦国城下町の調査、そして遺跡の整備というものが行政的にもいろいろな効果があるのだということで、各地の自治体でも採用されていくという状況が生まれてきました。

この後のパネルディスカッションの中では、おそらく小谷城の今後、どうしたらいいのかっていう話も触れられるかと思いますが、一つのモデルとして一乗谷の例が参考になればよいのではないかというふうに思っております。

先ほども申したように、小谷城の発掘は、もう六十年ぐらい前の話ということになります。そ

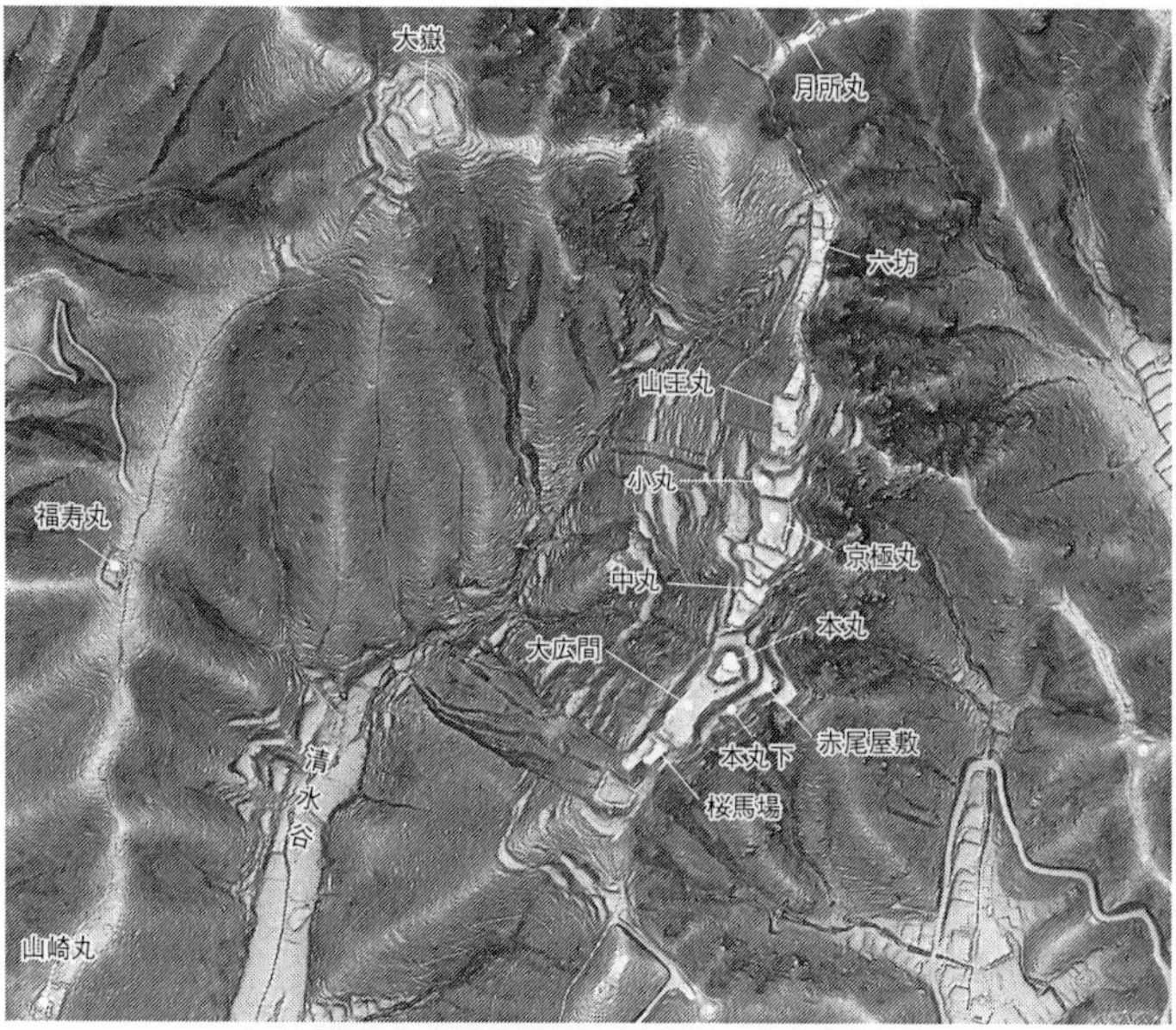

小谷城跡赤色立体地図（長浜市提供、文字を追加）

して、図に示しましたように、京《きょう》極《ごく》丸、中丸、本丸、大広間、本丸下、桜《さくらの》馬場《ばば》という山城の中の中核部にあたる部分がほとんどすべてその段階で調査されています。そして、簡単な報告書も作成されました。この成果を使って何が語れるかということに、今日はチャレンジしてみたいと思います。

ただ残念なことに、小谷城跡から出てきたのは非常に小さな破片ばかりです。次に示した写真が出土品の全体がわかる写真です。残念ながら、このくらいしか出土品の全体がわかる写真がないのです。

また、発掘された遺物、陶磁器の

小谷城出土品（長浜市提供）

破片について、どの破片がどこから出たのかという情報が当時の報告書には記載されていません。そのため、現在の考古学的な視点からいうと、たいへん情報量が少ないということになります。一番多いのは、当然ながら焼物の破片です。

全体がわかるものとして写真に示した小谷城出土品は、右上が越前焼の擂鉢《すりばち》（片口鉢）、左上は中国産の染付碗、右下は瀬戸《せと》の天目《てんもく》茶碗、それから左下は土器《かわらけ》です。

ただ、決してこういった道具だけで生活が成り立っていたわけはなかったと思います。ですので、のちほど破片類を数量的に比較することでどんなことが言えるか、少し紹介したいと思います。

2 「生活臭い」小谷城跡の出土品

小谷城跡を最初に見たときに、あるいはその報告書を見せていただいたときにいくつか驚いたことがありました。当時、私たちは山城というのは戦争のための場所であって、戦闘用のいろんな施設が用意されていただけで、あまり生活感がない場所だろうというふうに、簡単に考えていました。ところが先ほどの陶磁器もそうですが、さまざまな出土品を見ると「じつに生活臭い」のです。普通の城下町あるいは普通の町から出るような陶磁器とほとんど変わらないものが、変わらないような状態で出ていることに驚きました。

これは当たり前と言えば当たり前です。いくら山城だからと言って四六時中戦っているわけではありません。戦国時代といっても平時のほうが長かったのです。ですから当然、山城そのものが生活の場であり、政治や文化の場であり、そしてそこには経済活動の痕跡なども見ることができます。このことが実際に小谷城のような戦国時代の地域の中心となるような山城を掘ってようやくわかったのです。これはとても重要なことだったと思います。

そのいくつかの例を少し紹介しておきたいと思います。写真の右上は鏡です。左上は銅製の菊《きく》皿《ざら》で、これは「鉄漿《かね》付《つ》け」と言って、当時女性が結婚したり、あるいは成人になると歯を黒く染

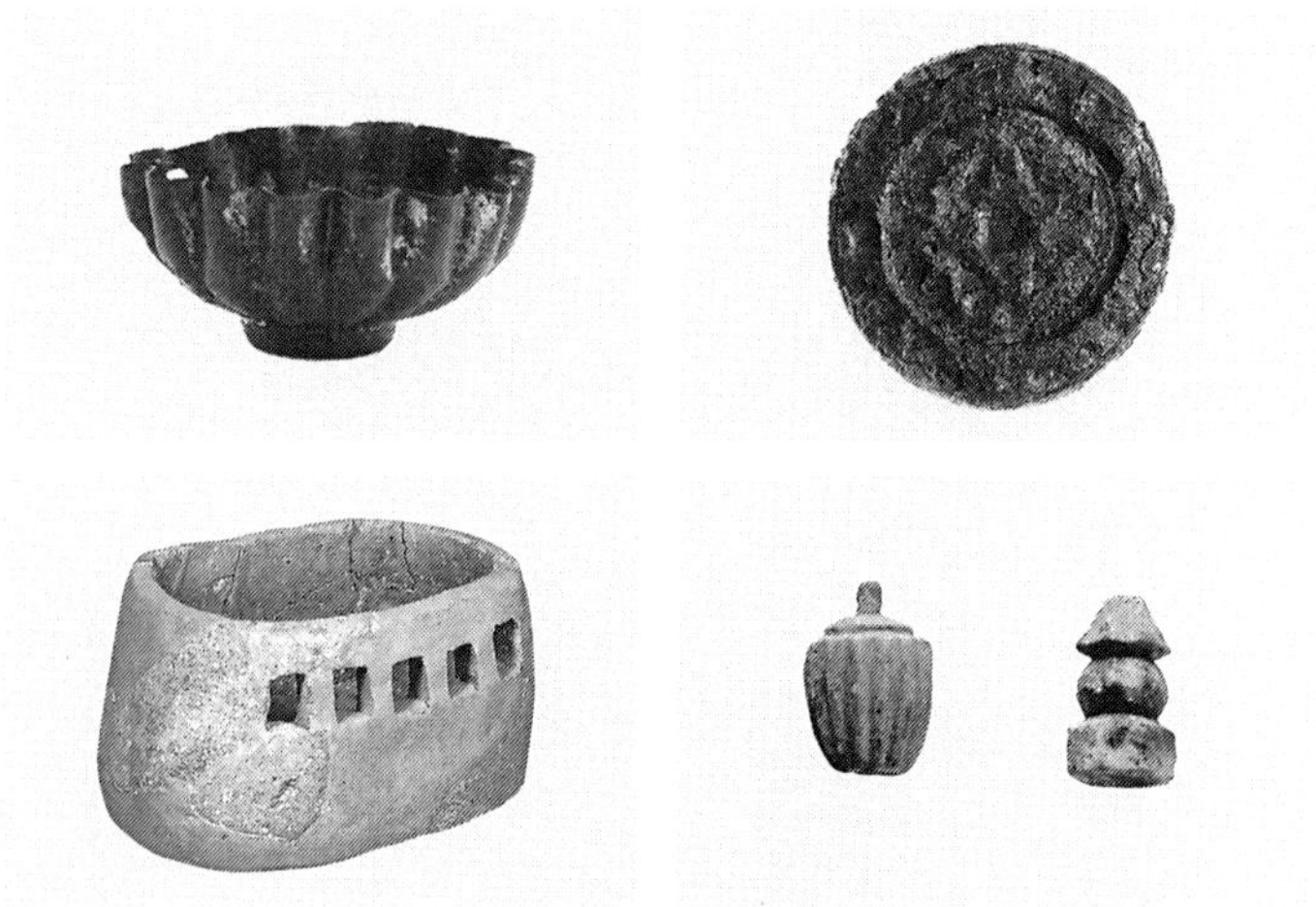

小谷城出土品（長浜市提供）

めるお歯黒と風習がありました。その時に使う道具です。

それから、右下の写真に写っている二つは変わった形をしていますが、左側のほうは清水谷《きよみずだに》から出土したものです。右側のほうは山の上から出ました（これを小型の五輪塔と見る向きもありますが、四角であるはずの平面が六角形ですので五輪塔ではありません）。この二つは竿秤《さおばかり》のおもりです。非常に生活の臭いがする道具が出ています。

そして、左下の道具は、越前の笏谷石《しゃくだにいし》という柔らかい凝灰岩《ぎょうかいがん》でつくられたバンドコと福井では呼ばれたアンカ、昔の暖房器具です。この中に炭火を入れて冬の寒さをしのぎました。まさに生活の道具です。

こういうものを見れば、やはり山の上が政治

竿秤を用いる薫物売（たきものうり）
（『職人尽歌合』より）

一乗谷出土品　写真３点とも
（福井県立一乗谷朝倉氏遺跡博物館提供）

の場であるとともに生活の場であったことがよくわかると思います。一番わからなかったのは山の上で竿秤のおもりが出るという不思議さでした。

次の写真で示したのは、右上は一乗谷から出土しているお歯黒関係の遺物です。歯を黒く染めるための「鉄漿水《かねみず》」をつくります。この小さな器に入れて火にかけて温め、小谷城跡の出土品にもあった左上の菊皿の中に入れて歯に塗る作業を「鉄漿付け」と言いました。女性たちが必需品としていた化粧道具の一つです。

右下が竿秤のおもりです。左下の絵のように竿秤の皿の側に品物を入れて、反対側に吊るしたおもりをスライドさせてバランスを取って重さを計りました。この絵の場合は、お香《こう》を計っています。少量でも金額がはるものを対象とした道具だったことがわかります。それでは、小谷の場合、山の上でいったい何を計ったのでしょう。あそこに商人が来たのでしょうか。誰が使って、何を計ったのかまではわかりません。ただ、それを必要とする何かの機能がそこにあったのでしょうから、これも山城の空間をどう考えるかという意味では大変重要な遺物だと思います。もう一点が見つかった清水谷には普通の屋敷がありますし、ちょっと前面に出てくれば城下町、町屋が並ぶところです。そこは竿秤を必要とする空間だったと思いますが、それがなぜ山の上にまであるのか。その点はよくわかりません。

3　焼物から見た小谷城

続いて、焼物から小谷城を見てみようということで用意してきた小谷城の焼物と用途です。たくさんの焼物の破片が出ているのですが、破片のままでは機能がわかりにくいので、完形に戻したものを図には示しました。この図は実はもともとは一乗谷の出土品用に作成した陶磁器の図に小谷城出土品を加えたものです。図の上段は共通部分で、小谷城でも使えるのです。戦国期には全国に流通した中国と瀬戸美濃焼です。

図の左上は瀬戸美濃《みの》焼です。瀬戸や美濃で焼かれた日本の釉《うわぐすり》をかけた焼き物です。そして、

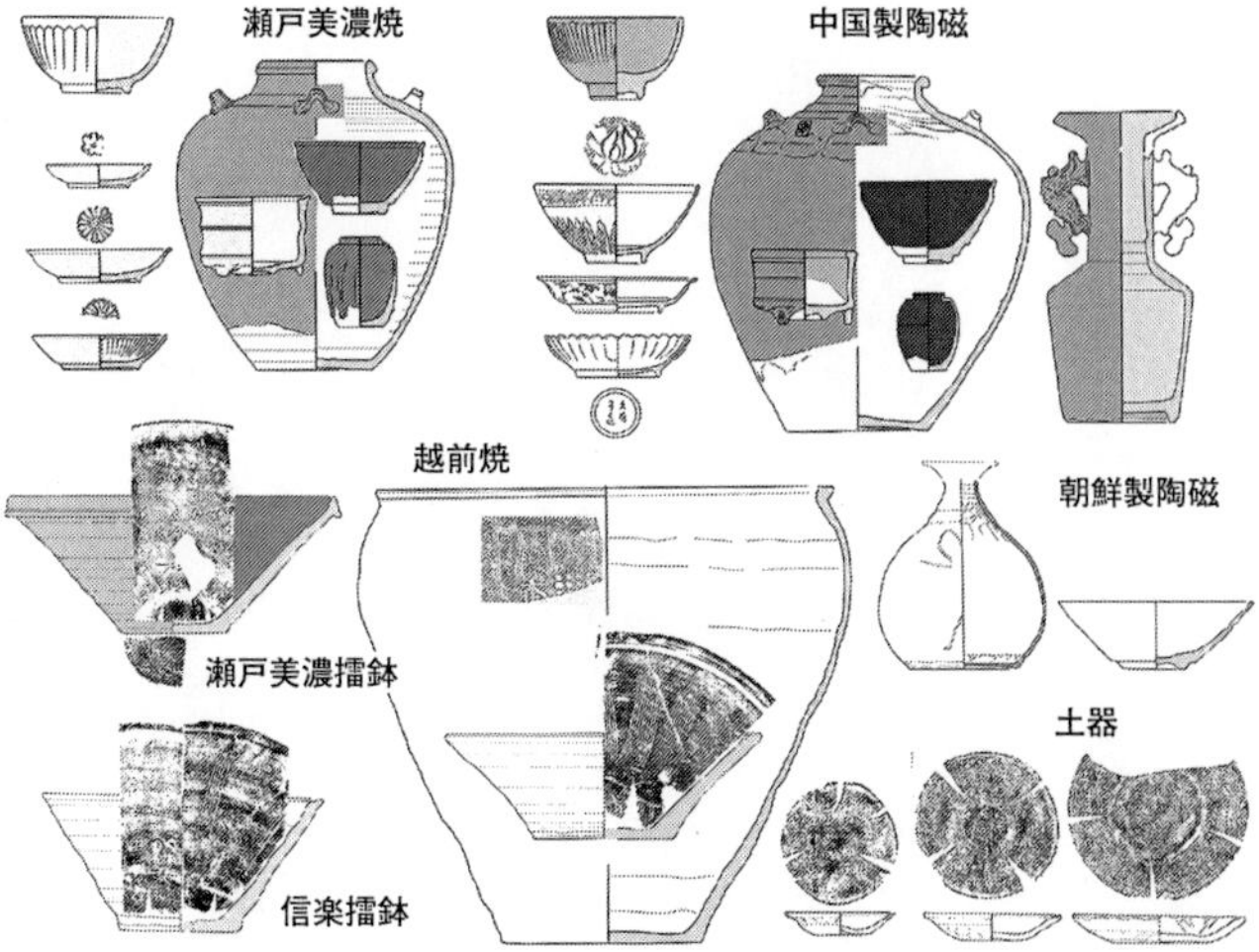

小谷城の焼物と用途

右側の上の段は中国製の陶磁器です。中国から輸入されたものですが、瀬戸美濃焼の左側の列と、中国製の左側の列は、同じような形と模様のものが並んでいることがわかります。この碗と皿は、中国製陶磁をモデルに瀬戸・美濃でコピーした製品が市場の中で出回っていたわけです。これは実は全国どこででも見られます。この図面のもとは一乗谷出土品の図面を集成したものですが、これと同じ焼物の破片が小谷城でも出土しています。

そして、同じように中国製の陶磁の中で、茶壺、天目、茶入、あるいは香炉、そして青磁の花生《はないけ》。こうした室内でお茶を飲んだり、香を焚いたり、部屋を飾る道具が入ってきています。それらも同じように瀬戸・美濃でコピーしたのが左側の三点セットということになります。

その左には各々の碗と皿がありますが、ここでも同じように中国陶磁と瀬戸・美濃の製品が市場の中では上下関係を持ちながら、同じような形で使われていたことがわかります。中国陶磁と同じように海外から来たものとしては、朝鮮製の陶磁器も少し出ています。地元産の焼き物としては、土器《かわらけ》と呼ばれる素焼きの皿が出てきます。それから、越前焼の甕《かめ》と擂鉢《すりばち》、瀬戸美濃焼の擂鉢、そして信楽焼の擂鉢、こういった各地の生産品が小谷の地に集まってきて、小谷城や城下の町場の生活を支えていました。

戦国時代の碗と皿
（一乗谷朝倉氏遺跡博物館提供）

戦国時代の日常生活品から食器類のうち碗と皿にしぼって、産地を比較してみると、中国陶磁の碗や皿がほとんど、全体の八割ほどを占めます。一方、瀬戸美濃焼は釉として木灰《もくばい》をかけた器ですが、非常にわずかです。

写真は、一乗谷の碗と皿ですが、種類が多いことがわかると思います。この写真は意図的に並べたものではなく、実際の出土状況がこんな感じです。日常の食器だけを見ても、各地からいろ

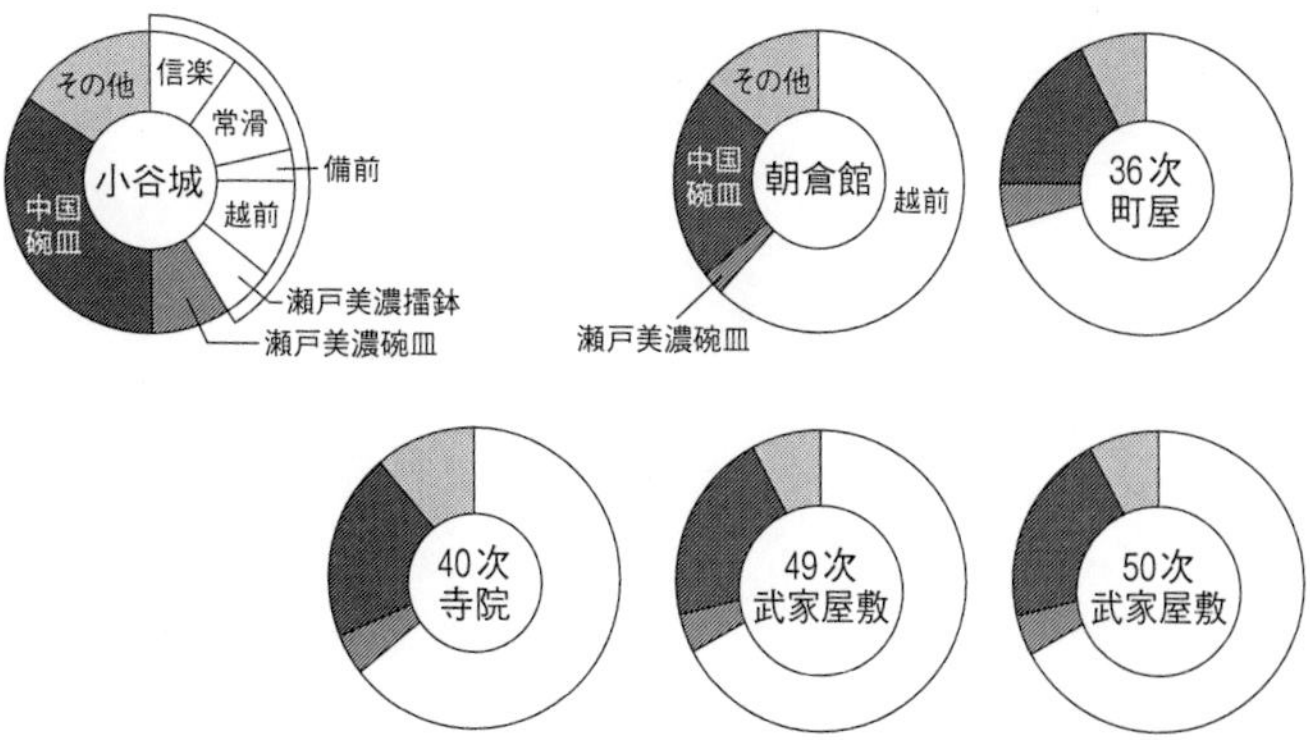

小谷城と一乗谷の比較（土器を除く）

いろな形で流通してきたものが組み合わさって生活を支えていました。これは戦国時代の焼物の特徴だと言えると思います。

それを円グラフに示しました。一番割合の多い白い部分が越前焼です。「その他」には、いわゆる日常の道具ではなくて、お茶の道具、花の道具などを特殊な道具としてまとめてあります。一乗谷の遺跡の方は、朝倉館、町屋、寺院、武家屋敷でそれぞれ円グラフを作成しましたが、構成比を見てみますと、あまり大きな差がないことがわかります。一つの都市の中で大名の館も、それから、町屋も武家屋敷も寺院もだいたい似たようなものを似たような形で使っていたようです。

では、小谷城ではどうだったかということになります。ただ小谷城の出土品の場合、どの曲輪《くるわ》から出たかまではわかりません。ここでは小谷城全体を一

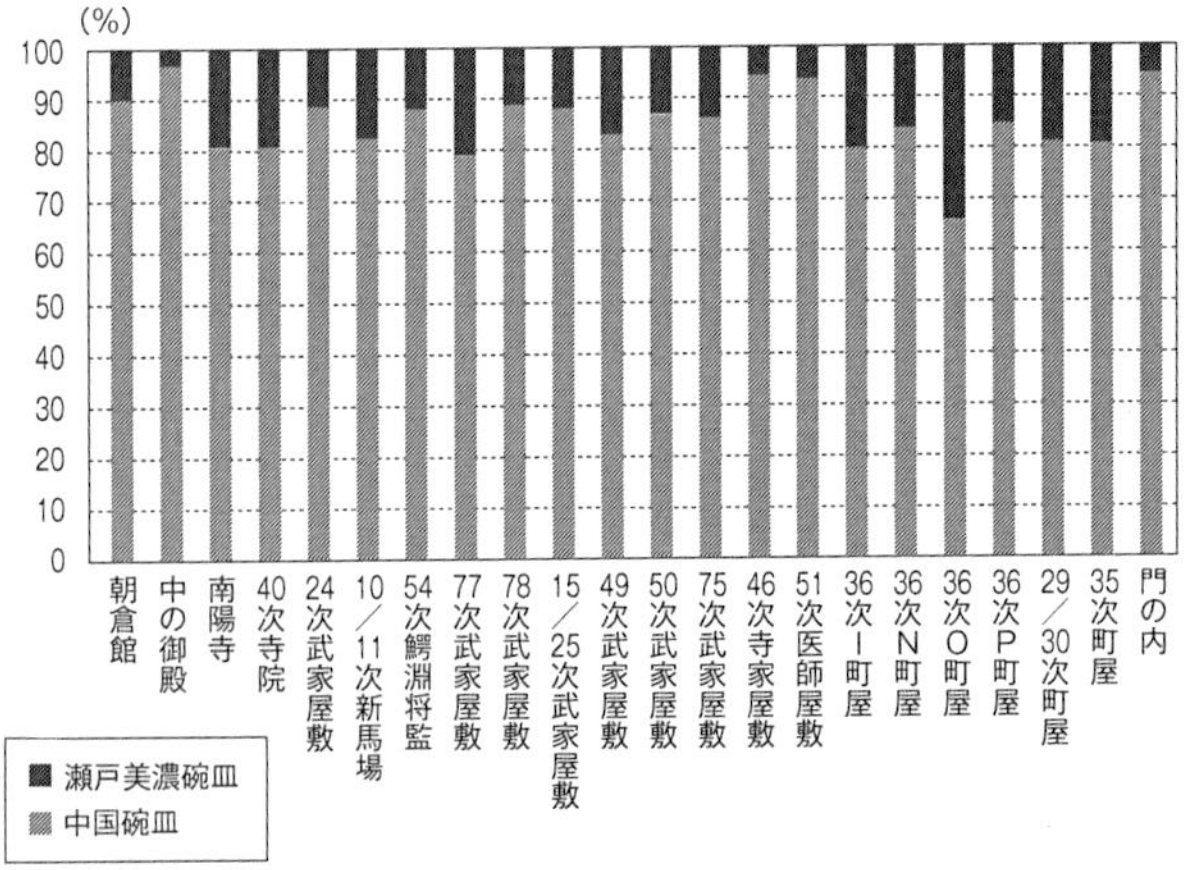

一乗谷の碗皿の中国産と瀬戸美濃産の構成比

括して一つの円グラフとしました。すると、信楽焼、常滑《とこなめ》焼、越前焼がほぼ等分、少ないながら備前焼もあり、瀬戸美濃焼、中国産の碗皿もかなりあります。小谷城の場合、中国製の碗皿が一乗谷よりも多いのが特徴ではないかとも思います。

　また、一乗谷では越前焼がほぼすべてを担っていた壺、甕、擂鉢などが、小谷城では北陸、東海、地元の信楽焼など複数の産地によって担われていたという違いがあります。この点はのちほど改めてふれたいと思いますが、近江の大きな特徴だろうと思います。

　上の棒グラフは一乗谷で出土した碗や皿の産地別構成比をみたものです。濃い色の部分が瀬戸美濃産で、薄い色の部分はすべて中国産陶磁です。つまり、簡単に言えば中国陶磁の碗皿が主体で、瀬戸や美濃の碗皿はおまけだったといえます。何のおまけなのかといえば、おそらくそれは茶・花・香という高価な道具類の中で中国製品の代替え品として、瀬戸や美濃製品の茶花香の道具類が補完していたと考えることができます。そうした道具類のおまけとしてこの碗皿類は来ていたのでないでしょうか。

昔々、私たちが一乗谷を掘り始めた頃、おそらくこの小谷城を掘り始めた頃もそうだったと思うのですが、中国製の青磁や染付の陶磁器が出土したというと、「すごいものが出た！」という感じで新聞記事にも書かれていたと思います。実際は、そんなことはありません。戦国時代には基本的に、中国陶磁の日用品が生活を支えていました。値段もそんなに高くなかったのです。

当時の記録から物品や手間賃などの単価を拾い出してまとめたのが、次の表です。

例えば、先ほどの染付のきれいな青い絵が描かれた皿一つが、だいたい三五文ぐらい。土鍋が一個一五文、土器《かわらけ》になると上等なもので一個一文ぐらいでした。土器は灯明《とうみょう》皿にも使いましたが、その場合は一〇個で一文と非常に安いものもありました。

こういった焼物の値段を見てみると、先ほどのように瀬戸美濃はさらに、この間の値段設定をしなくてはならなかったことになります。中国陶磁の染付皿が三五文、備前焼擂鉢が二〇文ぐらい、それに対して瀬戸焼や信楽焼の擂鉢などはもっと安かったかもしれません。

少し補えば、当時の大工の日当が一〇〇文です。大工が一日働くと中国製の陶磁器が二～三枚は買えました。つまり、都市や城下町に住むような人たちにとって、中国陶磁器というのは手が届かないほど高いものではありませんでした。

15～16世紀の物品や手間賃などの単価

	焼物			金属・木製品			農水産品・職人手間日当		
	単価	品名	記録年	単価	品名	記録年	単価	品名	記録年
							0.2	梅干し	1491
	0.5	油杯	1422	0.3	曽木板	1481	0.5	鰯（1コン）	1492
							0.7	ナス	1491
1文	1.0	かわらけ		1.0	かんなかけ	1491	1.2	ゴボウ（1把）	1489
	3.0	ほうろく	1569	4.0	京くれ	1492	1.6	大根（1把）	1491
				12.0	火箸	1545	2.3	蓮葉（1把）	1489
				12.0	金剛（1足）	1477	6.0	小鯛	1492
	15.0	土鍋	1288	20.0	鎌	1568	12.0	旅籠代（1人）	1419
	18.0	スリコ鉢	1400	21.0	小刀	1517	14.0	エビ（1コン）	1492
	20.0	擂鉢	1430	24.0	薪（1把）	1470			
				25.0	三毬丁	1492	25.0	素麺（1把）	1517
				25.0	鎌	1560	25.0	ハマチ	1491
				25.0	上金剛	1422	25.0	ウサギ	1401
				30.0	たらい	1439			
	35.0	酢皿	1576	32.0	菜刀	1499	36.0	鰹	1492
	40.0	火鉢	1545	35.0	刈鎌	1545			
	47.0	茶碗皿	1489	40.0	手水桶				
50文	50.0	四方火鉢	1488	50.0	金輪（五徳）		50.0	油煙土（墨作り）手間	1569
				50.0	包丁	1522	50.0	薬缶鋳掛け	1590
				54.0	丹波筵	1492			
				60.0	菜鍋	1568	60.0	桶作り手間日当	1574
				70.0	金輪		70.0	屋根葺き手間日当	1424
				75.0	燗鍋	1575			
				85.0	金輪	1468	85.0	いも（1斗）	1491
				85.0	鍬	1567			
100文	100.0	火鉢	1453	100.0	鉄鍋		100.0	大工手間日当	1490
	100.0	火鉢	1462				100.0	壁塗り手間日当	1492
	110.0	火鉢	1446				100.0	大工手間日当	1419
	110.0	備前茶壺	1406				100.0	鍛冶手間日当	1419
				120.0	胡銅香炉	1491	100.0	竃塗り手間日当	1493
				120.0	三升鍋	1572	100.0	大工手間日当	1470
				130.0	硯箱	1451			
				130.0	金輪	1439			
				150.0	鍋	1439			
				150.0	鋤	1564			
				150.0	轡	1477			
				180.0	つき臼	1480			
				194.0	雨傘	1488			
200文				200.0	畳	1471	200.0	砂糖（1斤）	1517
				250.0	小釜	1487			
				250.0	湯釜	1517			
				300.0	畳	1486	350.0	小釜鋳掛け	1590
	450.0	備前茶壺	1406	400.0	井筒	1488	618.0	借家代（3×9間敦賀）	1558
1貫文				1,100.0	美濃紬（1反）	1492			
				1.300.0	釜(口1尺2寸)	1487			
				1,500.0	笙	1488			
				2,000.0	茶の湯釜	1582			
	7,000.0	建盞（台付3）	1493	5,000.0	風炉釜	1493			
	8,000.0	建盞（台付）	1492	5,000.0	懸け絵	1493			

とはいえ、以上は日常品の話で、お茶の道具、例えば天目茶碗のようなものを見ると、漆製の天目台がついて一個七〇〇〇文とか三個で八〇〇〇文と非常に高価です。そのくらい日常品と茶花香の道具類には差がありました。

4　高価な道具類の用途

続いて、高価な道具類がどのような場で、どのように使われていたかを見ていきたいと思います。これを見ることによって、小谷城のようなお城の中での空間機能、あるいは町や城下町のようなところでの住民の格差を見てとることができます。

対象になるのは、例えば瀬戸美濃焼では、お茶の三点セット、茶壺、天目茶碗、茶入、そして香炉、中国陶磁では茶壺、天目茶碗、茶入、香炉、それから青磁の花生。この青磁の花生も、小谷城では口の部分の小さな破片が一個出ています。

もう一つは、一番安いはずの焼き物である一個一文、あるいは一〇個で一文といったような土器です。おもしろいことに、高い商品と一番安い商品を比べていくと、都市の中あるいは城の曲輪の機能の差が見えてくるのです。

改めて写真もお見せします（次ページ）。上段中央が青磁の花生、右上は青磁の脚付きの盤で、

茶の湯と花関連の焼物

香関連の焼物

酒器・宴会関連の焼物

一乗谷で出土した高価な道具類
（一乗谷朝倉氏遺跡博物館提供）

城跡からの出土焼物

	梅瓶・四耳壺	青磁盤	青磁酒海壺	青磁花生	青磁太鼓胴盤	青磁器台	天目茶碗・茶入・茶壺	元様式染付	池庭	備考
浪岡城	○	○	○	○		○	○		□	青森・北畠氏
根城	○	○	○h				○		□	青森・南部氏
聖寿寺館		○	○	○			○	酒海壺・盤	□	青森・南部氏
至徳寺	○	○	○m	○		○	○	玉壺春		新潟・上杉氏寺院
高梨館		○	○	○	○	○			■	長野・中野氏
朝倉館		○	○s	○	○	○	○	酒海壺・盤	■	福井・朝倉氏
小谷城		○		○			○			滋賀・浅井氏
金山城	○	○	○h	○			○			群馬・横瀬氏
武田館	○	○	○h		○		○	酒海壺	■	山梨・武田氏
八王子城	○	○	○h	○		○	○		■	東京・北条氏照
本佐倉城	○	○	○	○			○		■	千葉・千葉氏
小田城	○	○	○h	○	○		○		■	茨城・小田氏
山名館		○		○		○	○			鳥取・山名氏
富田城		○	?	○			○			島根・尼子氏
大内館		○	○	○			○		■	山口・大内氏
大友館	○	○	○	○		○	○	酒海壺・玉壺春・盤	■	大分・大友氏
湯築城	○	○	○	○	○				■	愛媛・河野氏
勝瑞館	○	○		○			○		■	徳島・三好氏

花を生けるための器です。それから中段が香の道具、下段の三点は酒器・宴会関係の道具で、青磁の大皿、口の大きな「酒海壺《しゅかいこ》」と呼ばれる青磁の壺、それから口の小さい白磁の「梅瓶《めいびん》」と呼ばれる器。これらはいわゆる酒器、お酒の道具で、宴会の場で用いられました。

次の表は、全国各地の城や城下町でこれらの品が見つかったかどうかを、北は青森県の浪岡《なみおか》城から四国・愛媛県の湯築《ゆづき》城、九州・大分県の大友《おおとも》館まで代表例まとめたものです。「○」がついているのが「ある」を示しています。朝倉館の下が小谷城です。いくつか確認できていないものもありますが、代表的な製品はだいたい持っていたことがわかります。

足利義秋元服の御成「沓形座敷」室礼

これらの道具がどのように用いられたのかを示したのが次の図です。室内を調度品によって装飾することを「室礼《しつらい》」と言います。これは最後の足利《あしかが》将軍となる義秋《よしあき》が逃れてきた一乗谷の朝倉館「沓形《くつがた》座敷」で元服《げんぷく》した時の記録が残っているので、それをもとにした復元図です。右手の押板《おしいた》に掛け軸が三つかかっています。「三幅一対《さんぷくいっつい》」と言って、中国の唐《から》絵《え》がかかり、その手前に三具足《みつぐそく》(香炉・燭台・花立)が置かれています。

一方、左手にも絵がかかっており、花瓶が一つ置かれています。そしてその間の違い棚には一番上に天目茶碗、お湯を注ぐための胡銅《こどう》の湯瓶《とうびん》、そして一番下に漆《うるし》塗りの食籠《じきろう》と呼ばれる菓子を盛るのに用いる道具が飾られています。

これらは実際にお茶を飲むときにも使いますし、香をするときにも使うのですが、客をもてなすよう

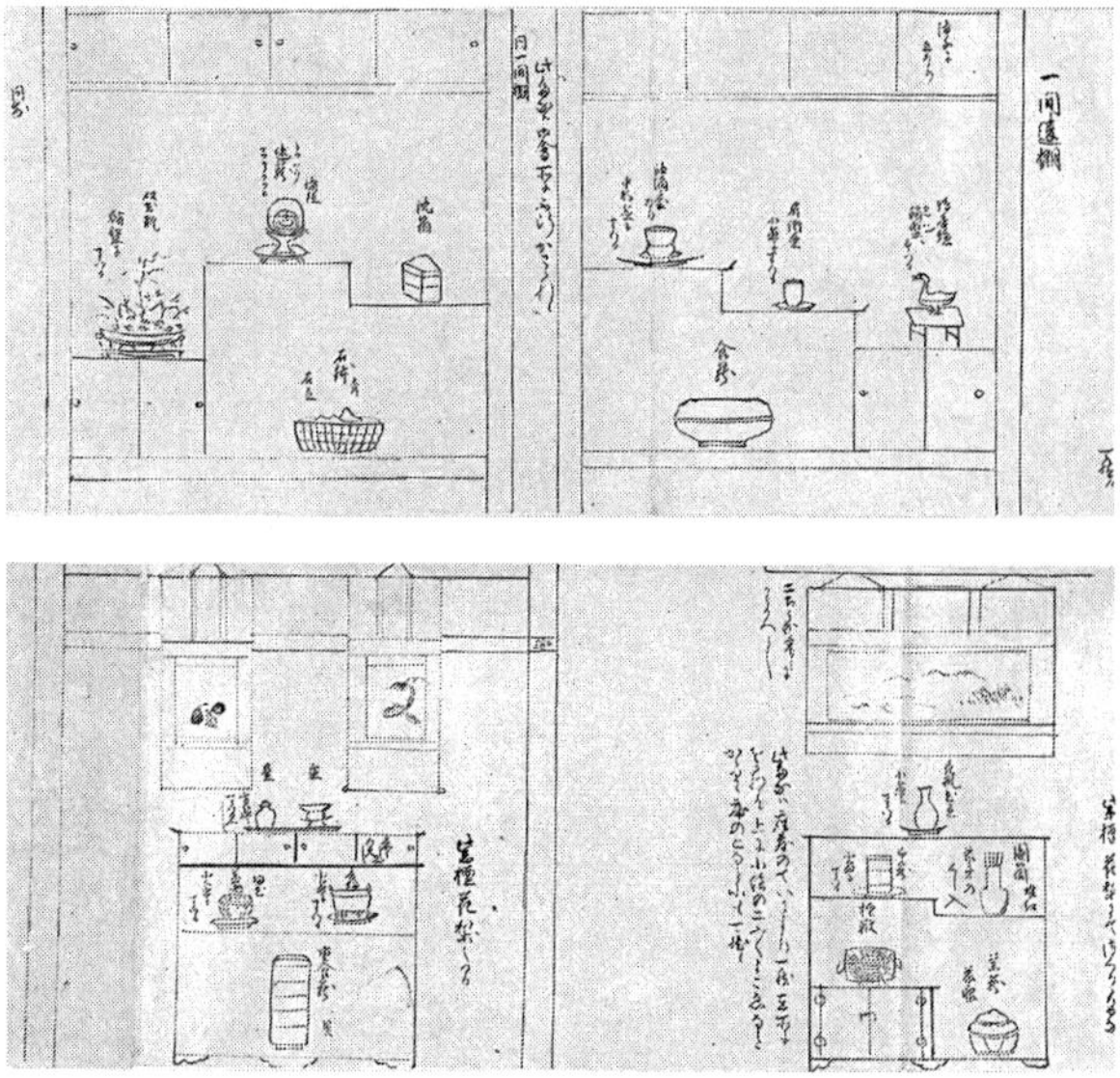

「君台観左右帳記」（国立歴史民俗博物館蔵）

なハレの場での座敷飾りでもありました。人を接待するもてなしの場で、権威を示すための道具立てであったわけです。

実はこれにはモデルがあって、「君《くん》台《だい》観《かん》左《そ》右《う》帳《ちょう》記《き》」という、東山文化で知られる足利将軍・義政《よしまさ》の屋敷の会所でどんなふうに何を飾っていたかを絵入りで記録した巻物です。

天目茶碗が台の上に飾られていますし、茶入があるし、香炉、一番下に食籠もあります。

各地の戦国大名クラスはこの巻物の写しを持っていて、それを模倣したのです。道具類だけでなく、室内の押板《おしいた》（床の間）や違い棚といった構造を持つ接客用建物も必要としました。それこそが、当時の大名クラスの権威を表現するための場となっていたのです。

5　浅井氏による京極氏の饗応

では、浅井氏の場合はどうだったのかを見てみたいと思います。浅井亮政《すけまさ》が、天文《てんぶん》三年（一五三四）八月二十日に京極高清《たかきよ》・高広《たかひろ》父子を招いて饗応《きょうおう》した際のようすを記した「浅井備前《びぜんの》守《かみ》宿所饗応記」という記録が残っています。この結果、浅井氏はある意味、京極氏から独立して、近江三郡をもらって戦国大名化を果たすという、とても重要な出来事だとされています。

主家京極氏を招いた接待の会場は二つありました。一つが「御座敷《おざしき》」です。もう一つが「奥ノ小座敷《こざしき》」です。前半第一部のほうが「式三献《しきさんこん》」です。これは、結婚式のときにやる三々九度《さんさんくど》（三献の儀）と同じものです。京極氏と浅井氏の上下関係を改めて確認するための儀式で、土器の皿が使われています。馬がプレゼントされ、御一家衆が庭に降りて馬をご覧になったというようなことも書かれています。そして、第二部にあたる奥ノ小座敷では十五献までの大宴会が行われています。結婚式では披露宴です。お膳を毎回かえて十五献まで、奇数のたびに進物《しんもつ》（プレゼント）が京極氏に贈られました。三献が終わったころ、能が始まり、十五番まで演じられたとあります。

「浅井備前守宿所饗応記」天文３年（1534）８月20日

・浅井亮政、京極高清・高広を饗応
・「御座敷」　式三献、二行対座にて
　　　　　　　縁より御馬御覧、御一家衆御庭に降りて
・「奥ノ小座敷」　饗宴　初献〜十五献まで、奇数に進物
　　　　　　　三献の末、御能開始、十五番まで
　　　　　　　小座敷の末にくつろぎ所、茶の湯あり
・翌21日、巳の刻、帰還

・座敷飾り
「御座敷」
　二間まなかの押板　三幅一対　中尊月見ノ布袋、脇は梅、水仙
「奥ノ小座敷」
　一間押板　布袋ノ絵、花一瓶
　柱花瓶（懸け花生）
　違棚　上重かき香炉、中重うかい茶碗、下重鉢ノ石（盆石）

そして、最後に茶の湯もありました。宴会は夜を徹して行われ、翌日の巳《み》の刻（午前一〇時ごろ）、京極氏は帰っていきました。同じような大宴会は朝倉氏をはじめ他の戦国大名の記録にも残されています。

浅井の饗応記には、座敷飾りについても記されています。

「御座敷」には二間《けん》半の押板、三幅一対　中尊月見ノ布袋《ほてい》、脇は梅、水仙。

「奥ノ小座敷」のほうは一間の押板、やはり布袋の絵が掛かり、花一瓶、柱花瓶（懸け花生）、違い棚の上の棚には香炉、中段には「うがい茶碗」（茶の際の替え茶碗）、下の棚には「鉢ノ石」（盆石）が置かれたとあります。

こうした形式は足利将軍に対する饗応を踏襲《とうしゅう》するものだったことが、同時代の史料からわかり

将軍御成の次第と場

	朝倉亭御成	三好筑前守義興亭御成
	1567年５月	1561年３月
	足利義秋	将軍義輝
	午刻（12時）御成	未刻（２時）御成
	表ノ納戸；先遣の二条殿控える	
第１部	端の座（寝殿）；貢馬間	主殿；四間
	・式三献の儀	・式三献の儀
	・義景から太刀と馬献上；射場に	・献儀；亭主から太刀と鞍置馬
第２部	奥ノ座（会所）；十二間	主殿；九間
	・酒肴の供応；十七献	・酒肴の供応；十七献
	・四献の後、能楽開始、十三番まで	奇数の度に献上品
	奇数の度に献上品	・三献の後、休息所にて茶の湯
	・十、十一献の間に別座、茶の湯	・五献の後、能楽開始；式三番〜十四番
	・十七献の後、順の舞；縁にて	舞台；九間前の庭
	翌日、巳刻（午前10時）還御	翌日、巳刻（午前10時）還御

ます。永禄《えいろく》十年（一五六七）五月、朝倉氏の館に足利義秋が来た時の記録では、第一部が「端の座（寝殿）」という場で式三献の儀が行われ、朝倉義景《よしかげ》は太刀《たち》と馬を献上しました。第二部は「奥ノ座（会所）」で十七献の酒肴《しゅこう》による供応、四献ののち能が十三番まで演じられ、奇数ごとに献上品、別座で茶の湯、翌日の巳の刻（午前一〇時ごろ）お帰りになるとなっています。浅井氏が京極氏をもてなした第二部の「奥ノ小座敷」というのは、この「奥ノ座」から来ているのです。

小谷城では、まだ池庭の跡が発見されていませんが、どこかに作られていたはずです。戦国大名クラスはまったく同じだとは言いませんが、館に二つのもてなしの空間、自身の威信を高めるための接待の場を持っていました。小谷では清水谷の中に「大屋敷」と呼ばれる屋敷があり、

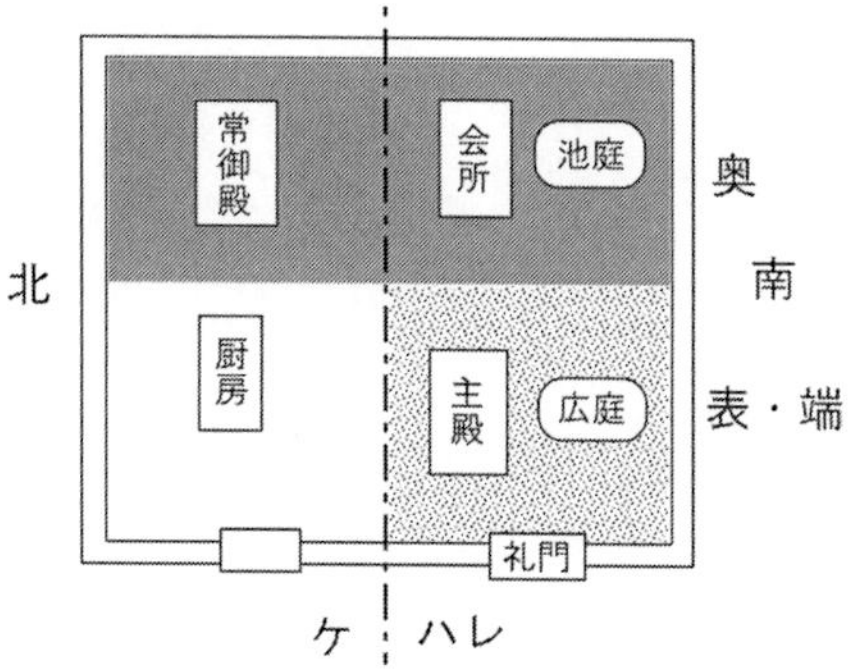

都型の館・屋敷の空間概念

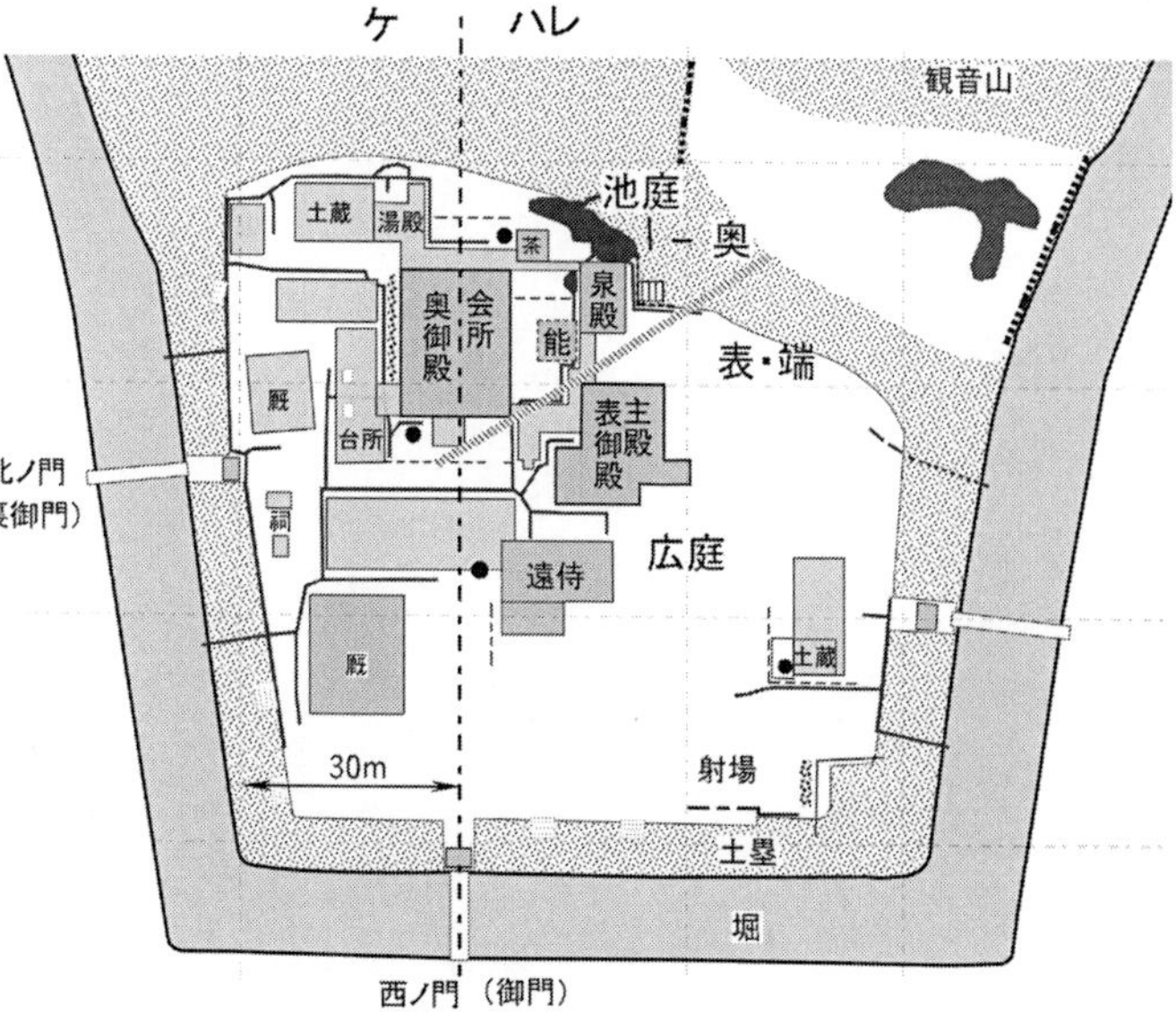

朝倉館の空間模式図

先ほどの京極氏父子を迎えた会場だったと考えます。実際に山の上を掘る調査で、「大広間」という非常に大きな曲輪が見つかり、礎石《そせき》建物が発掘されています。これがおそらくもてなしの場としての谷の中の館と山の上のセットだったのでしょう。

一乗谷の場合も同じで、谷の中に「朝倉館」があり、山の上に山城のように「千畳敷《せんじょうじき》」と呼ばれる一番大きな曲輪があり、大きい礎石建物がありました。こうした山の上の曲輪がどういった意味を持っていたかというと、「眺望」というものがご馳走であったと考えることができると思います。

天文十四年(一五八六)に観音寺城を訪れた連歌師《れんがし》の宗牧《そうぼく》は、東国へ旅行する際に城主の六角《ろっかく》氏が送別会を催してくれたことを「東国紀行」という紀行文に書いています。観音寺城はかなり高い山の上にあります。さらに会場となったのは、二階の座敷で、「眺望をいはば老曽森《おいそのもり》。麓の松原につづきて。板倉の山田。蒲生野《がもうの》の玉のをやま。さながらみがける砌《みぎり》なるべし(略)空飛ぶ雁に蘆間《あしま》の小舟もけぢめ分かれぬ風景。西湖の十境は絵にもかきけむかし」というように、琵琶湖が一望できるすごい景色の中で、私は接待されたという記しています。

そして、東国へ向かった宗牧は関東に至って、太田道灌《おおたどうかん》の江戸城へ行きます。すると彼は、「私を富士見《ふじみ》の櫓《やぐら》へ連れていってくれ」とお願いしました。富士山が見える櫓です。そこで接待を受けて、やはり「ああいい景色だ」と書き残します。同じように太田道灌の江戸城の中には筑波《つくば》の峰が見える櫓というのもあったそうです。つまり、櫓というのは単に軍事用だけではなく、こうした客をもてなすにあたり、高いところから眺望を見せる役割もあったということでしょう。同じように能登《のと》の畠山《はたけやま》氏の七尾《ななお》城についても、似た記録があります。ここは天正五年（一五七七）に上杉謙信《うえすぎけんしん》によって滅ぼされました。開城させた謙信は本丸へ上がっていって、「聞きしに及び候より明地。加越能の金目《かなめ》の地形といい、要害と山海が相応じ、海頬の島々の体までも、絵像に写し難き景勝までにて候」と書状で送っています。

まさにこういったもてなしの場として、一つは山の上、一つは谷の中、あるいは平地に広々とした館があり、隣接する広場で馬がお披露目できる。そうした場所が必要とされていました。ですから、正式な対面儀礼や大宴会をするときの場としての館。もう一つは、山の上にあるもう一つのもてなしの場で、眺望をご馳走としながら人をもてなす場がセットになっていました。先ほど小谷城の遺物の中に、茶花香に用いる道具が少しではありますが確認できました。おそらくそれらはすべて「大広間」と呼ばれた場所から出たのでしょうが、残念ながら出土地点は記録が残されていないので、よくわかりません。以上は建物の機能面からの推測です。

一乗谷の場合は、谷の中の中心に朝倉館があって、山をずっと上がっていくと、標高四〇〇メートルぐらいの高いところに山城があって、その一角に「千畳敷」と呼ばれるもてなしの場があったことが確認されています。

6　土器の割合でわかる曲輪の機能

続いては、一番安い焼物が語る権威の場について考えてみます。写真は一乗谷の朝倉館で出てきた土器《かわらけ》で、上の二枚は白く光って大きめで薄作りです。中段と下段は少し小さめの土器で、下段の口のところの黒い付着物は油の跡であり、これらが灯明皿だったことを示しています。ですから安い土器のすべてが宴会用だったわけではなく、半分以上は灯明皿でした。

小谷城の場合を、より詳しく見てみたのが次の円グラフです。「大広間」からの出土した焼物はほぼすべてが土器です。そして「本丸」でも八五％ぐらいは土器でした。一番バランスがよいのは「桜馬場」で、土器、陶器、磁器、甕壺擂鉢に四分割されています。報告書では焼物の名称をこの四つに分類しているだけなので、この陶器や磁器の中にどういった種類のものがふくまれるかはわかりません。

朝倉館出土の土器（かわらけ）
（一乗谷朝倉氏遺跡博物館提供）

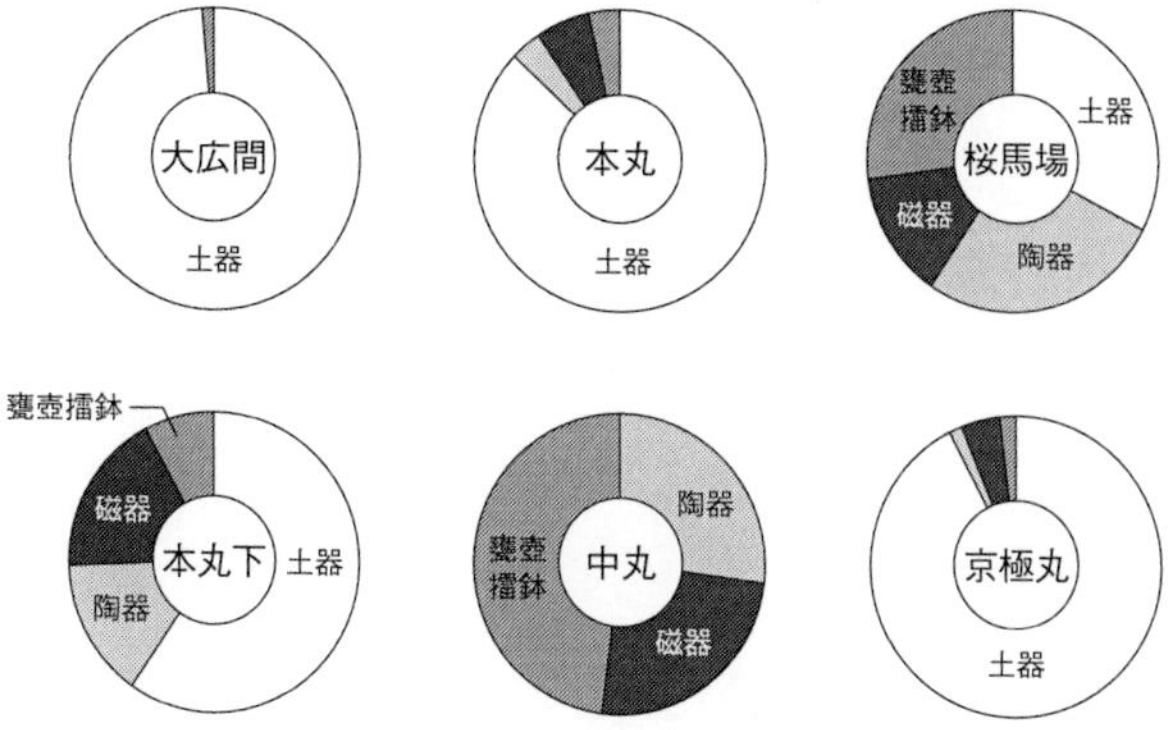

陶磁器組成にみる小谷城の曲輪の機能差

おそらく陶器は瀬戸美濃焼で釉がかかっている天目茶碗と碗皿類。磁器は中国製の焼物、それから甕壺擂鉢は常滑、越前、信楽産が三分の一ずつを占めていたと考えられます。一方、大広間と同様にバランスが悪いのは「京極丸」で、九〇％以上が土器です。

この円グラフによる比較は、非常に鮮明にそれぞれの曲輪の機能を示しているように思います。「大広間」と「京極丸」という山の上で重要だった二つの曲輪が接待空間で、最も土器を大量に消費してます。大宴会をやると、土器が大量に消費されます。土器は素焼きの土器ですので、ハレの饗宴用として一回使えば二度と使わずに廃棄されたからです。清少納《せいしょうな》言《ごん》が随筆『枕草子《まくらのそうし》』で、「清しとみゆるもの」の筆頭にあげたのが土器でした。ですので、こういう使い方をする世界が「大広間」と「京極丸」であったということがわかるわけです。

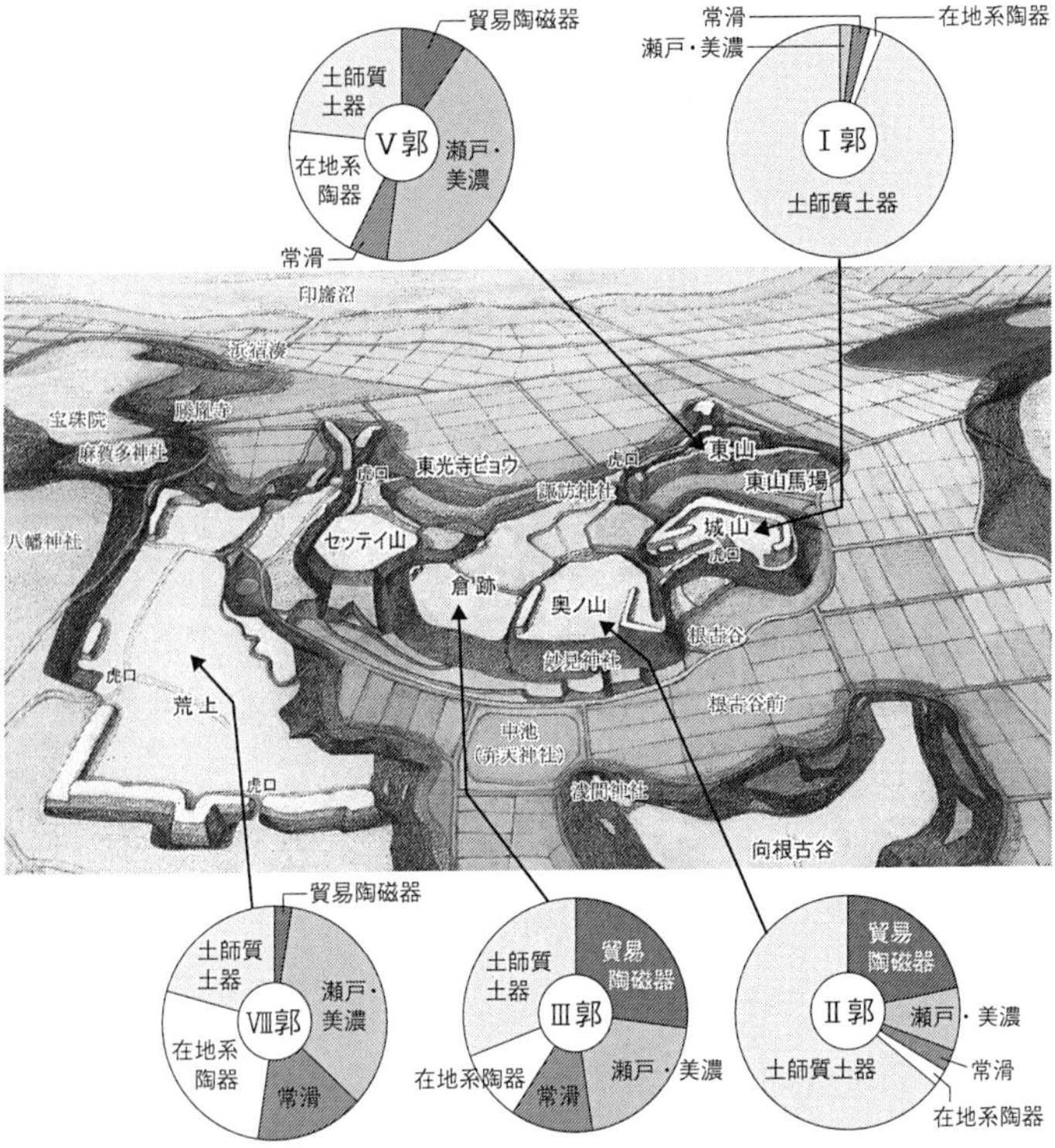

千葉氏本佐倉城の曲輪と出土焼物の構成（酒々井町教育委員会提供）

逆に、出土数のバランスがよい、「桜馬場」や「本丸下」、「中丸」は、日常生活を中心とした機能を持っていた場所だと考えられます。

他地域の例として、私が住んでいる千葉県にあった本《もと》佐《さ》倉《くら》城の曲輪ごとの出土焼物の構成を示しました。千葉氏の本拠だった城ですが、一番中心部分は「城の内」あるいは「内城」と呼ばれていた大名の空間I郭、小谷城でい

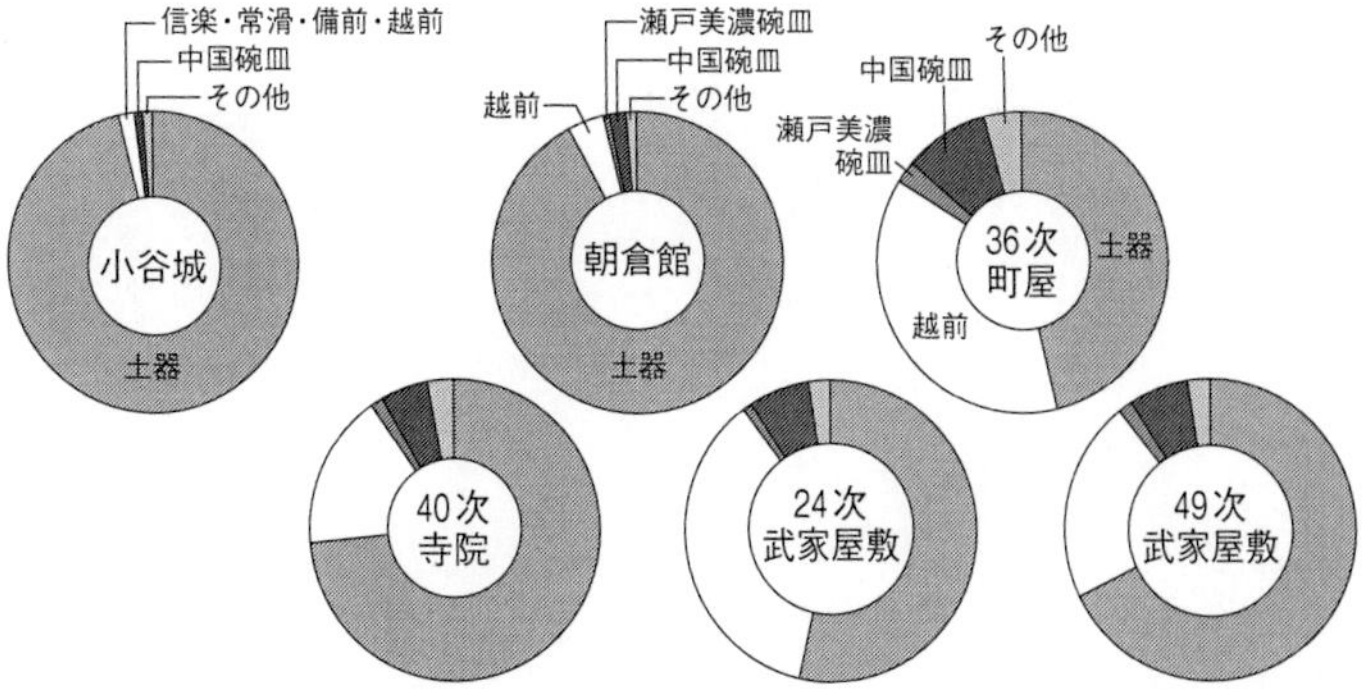

小谷城と一乗谷の焼物組成にみる格差

えば「大広間」か「本丸」にあたる場所から出たのはほとんどが土器です。そこから中城、外城と、だんだんと格が下がる外側の曲輪に行くに従って、日常生活の機能が増して、焼物の構成比のバランスがよくなっていきます。土器や産地別の焼物など陶磁器の破片がどこからどのぐらいの数出たかを調べることによって、城の中の空間の機能やその格、行われた儀礼や日常生活を復元することができるというわけです。

一乗谷の場合は一つの都市を丸ごと掘っておりますので、「朝倉館」「町屋」「寺院」「武家屋敷」など別に見たのが、次の円グラフです。「朝倉館」はやはり九〇％以上が土器、「36次町屋」では土器が半分以下、擂鉢や甕などの比率が高く、瀬戸美濃の碗皿、中国陶磁の碗皿などもあります。「武家屋敷」は「24次」と「49次」で多少土器の比率が違いますが、館と町屋の中間的な構成比であることがわかります。また「寺院」も似たような構成だったことがわかります。

7　焼物産地が示す越前と近江の特徴

次の二つの図では、一乗谷と小谷城の違いを示しています。一乗谷の甕・壺・擂鉢を見ると、全部が越前焼です。一方、小谷城では越前焼とともに瀬戸美濃の擂鉢や信楽の擂鉢が三等分ぐらいの感じで出てきます。

つまり一乗谷は地元産焼物の寡占《かせん》状態にありました。日本海側は基本的にそうです。一方、近江の小谷城は、まさに流通の十字路として、日本海側と京都を結ぶ近江という場所、そして真ん中にちょうど琵琶湖という水上交通の場がありました。東海道を進めば伊勢湾に出ますし、中山道を進めば関ヶ原を通じて岐阜へ出るという、まさに十字路にあったことによる特徴が、焼物の構成にも現れていると思います。

この辺の様子を日本列島全体で見てみましょう。越前焼の壺、甕、擂鉢などが流通しているのは小浜《おばま》(福井県)よりも北、北海道までの日本海側です。そして、太平洋側では関東を含めて東北のほうでは常滑の甕と瀬戸の擂鉢がセットになっています。それから、瀬戸内を含めた西日本では備前焼の甕と擂鉢がセットになります。まさに当時の生産地と、それを流通させるために商人たちが持っているテリトリーが反映されていました。

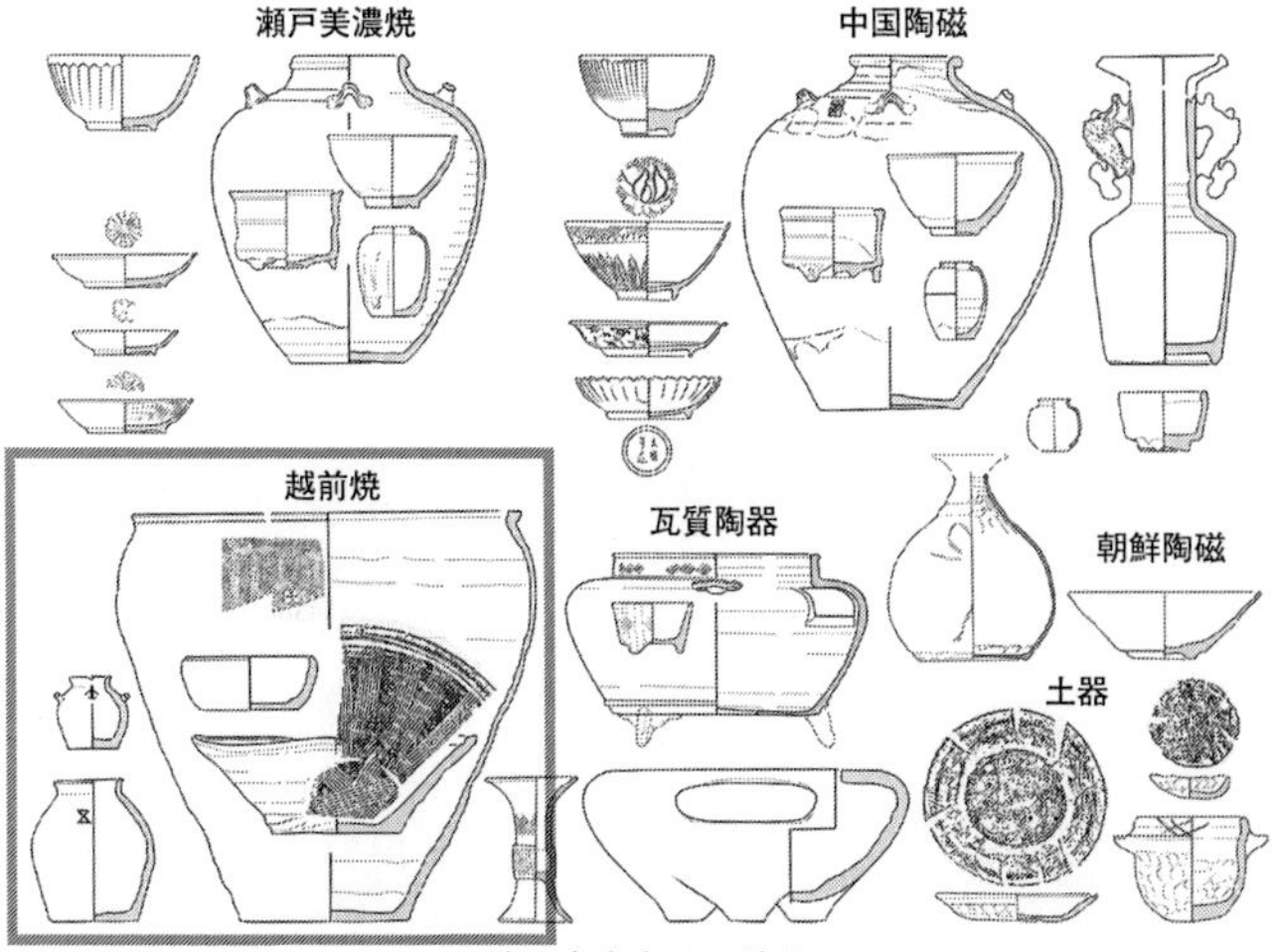

地元産寡占の一乗谷

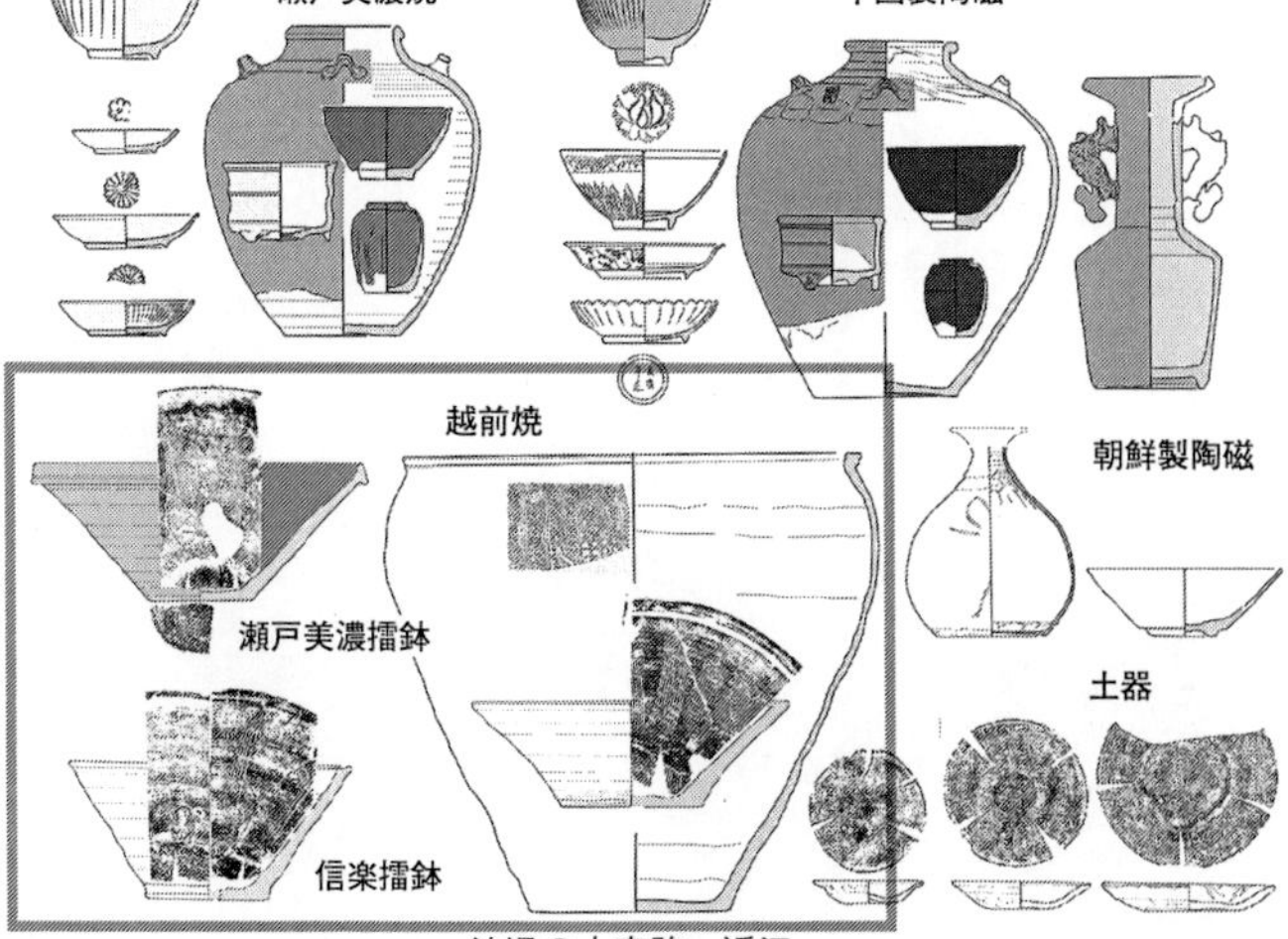

流通の十字路・近江

さまざまな笏谷石製品（一乗谷朝倉氏遺跡博物館提供）

　ここで、越前焼に注目してみると、越前焼と笏谷石製品は同じ越前国の中で作っていたので、セットになることが多いようです。ここまでは焼物だけの話をしてきましたが、近江国でも、越前焼が点々と琵琶湖の周辺で出るのと同様に、笏谷石製品も出るということがよくあります。これは近江だけに限らず、かなり遠い北海道の勝山館《かつやまだて》で越前焼の壺、笏谷石製品がセットで出た例もあります。

　次はさまざまな笏谷石製品の写真です。左上は、小谷城でも出たバンドコと呼ばれる暖房器具です。

　近江国と越前国の地図を見ると、小谷城から北へ上がっていけば、北国街道が越前に入ります。琵琶湖を見てみると塩津や海津といった港があって、七里半《しちりはん》、九里半《くりはん》街道を通っ

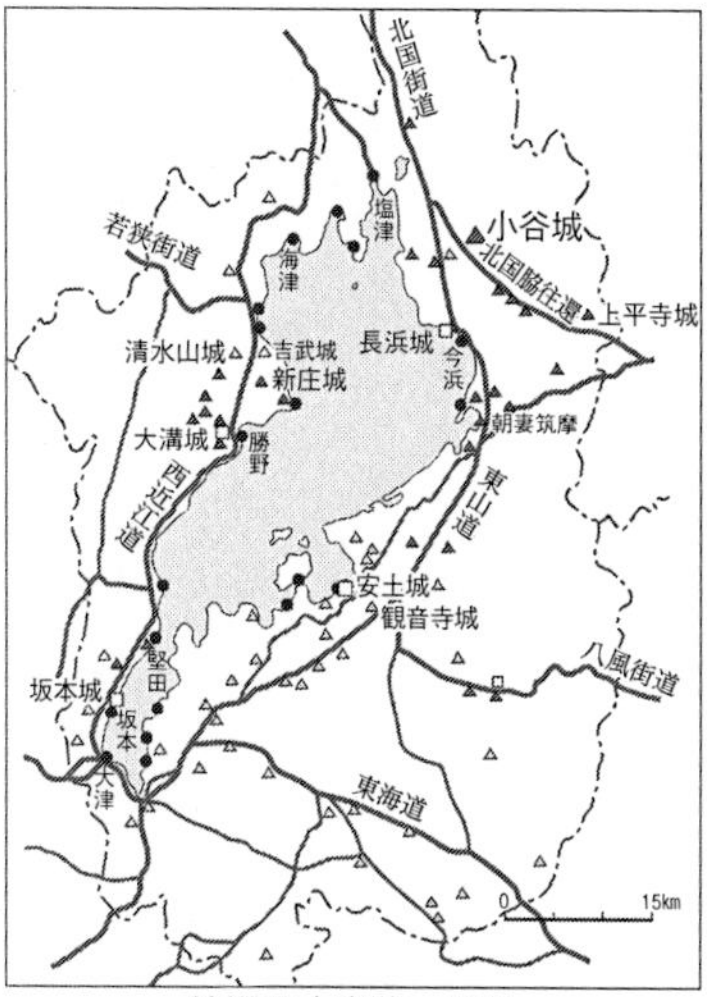

流通の十字路・近江

越前焼・笏谷石産地と越前国地図

て敦賀《つるが》、日本海側へ出ます。越前焼が焼かれていたのは日本海に近いところで、笏谷石は現在の福井市、足羽《あすわ》山という山の辺りで採れる石でした。これが海のほうへ出て敦賀あるいは小浜へあがって、先ほどの街道を通って塩津や海津へ来るというルートでした。こう見ると、越前焼の生産地や笏谷石の生産地と小谷城、琵琶湖周辺は非常に近かったことがわかります。越前からは三国《みくに》湊があり、ここで北国船に乗せられて北海道や北東北のほうへ運ばれる場合もありました。

先ほど十字路と申しましたが、北国街道だけでは十字路になりません。もう一本の街道として、北国脇往還《わきおうかん》という京極氏の上平寺《じょうへいじ》城の下を通っていくルートがありました。これが関ヶ原を通じて岐阜の方へ行く道、それからさらには安土城のあたりから観音寺城のところを通っていく八風《はっぷう》街道、それからもう一つが大津に近いところから行く東海道、これが伊勢湾に向かっていました。

常滑焼というのは、伊勢湾をはさんだ反対側にある知多《ちた》半島で焼かれました。この常滑焼は瀬戸焼とセットになって海を渡り、街道を通って琵琶湖周辺に入ってきました。越前焼の場合は、おそらく琵琶湖周辺が終着点だったと思いますが、瀬戸美濃焼の場合は近江を通過して、京都方面へ流れていくものもあっただろうと思います。

そして、これらは一方向だけの道ではなくて、京都や大坂、瀬戸内で作られた商品が逆方向で近江を通って敦賀へ、そして越前へという流れもありました。

少し最後が駆け足になってしまいましたが、本日のお話はこれで終わりにしたいと思います。

パネルディスカッション

はじまりは小谷城

―小谷城の魅力―

パネラー　小野正敏
中井　均
太田浩司

1　守護大名とは異なる戦国大名のあり方

太田　このパネルディスカッションは浅井《あざい》氏と朝倉《あさくら》氏というのがテーマになってくると思いますので、まず小野先生から戦国時代の朝倉氏というのはどういった戦国大名だったかというのをお話しいただければと思います。僕らからすると浅井氏の場合は三代・五〇年の期間ですが、朝倉氏の場合は五代・一〇〇年と倍の期間があったという印象なのですが。

小野　五代残ったから偉いのかというと、それはまた別の問題だと思うのですが、各地の戦国大名を見てみますと、やはり強いところが五代、十代と残っていますね。やっぱり弱いところはすぐに消えていています。ただ朝倉の場合は、どこの馬の骨ともわからない出自で、下剋上《げこくじょう》の典型のような形で大名になりました。逆に言うと、そういう大名だからこそ京都の権威や文化をせっせと取り入れて箔《はく》をつけ、他の大名に対してもモノを言える立場になっていくぞという思いが強かったようです。

これは、織田《おだ》氏や北条《ほうじょう》氏などもまったく同じです。やはり中世京都の権力に接近して、どれだけ自分の権威を高めるかに熱心だっただろうと思います。これが京都近郊の戦国大名の場合だと、発掘してみても先ほど私の講座でお見せしたような権威を示すための空間や道具類が、あまり顕著ではありません。むしろ京極《きょうごく》氏や六角《ろっかく》氏のような京都の近国にいた大名のほうが典型的なスタイルを示していて、私たちは語りやすいという面があります。

太田　朝倉氏の場合、越前国の守護に任命された点が、浅井氏の場合と根本的に違うと思うのです。一〇〇年続いたというのも、その辺が大きいと思うのですがいかがでしょう。

小野　それはもちろん大きいですね。朝倉氏は下剋上による成り上がりだからこそ守護という立場に固執し、さまざまなネットワークを駆使して家格を上げていく、朝廷からの官職と将軍からの守護職、そういう道具立て、館の構造なども なるべく近づけようとしました。何も持っていないからこそ、儀礼面での正当性を誇示しようとしたのでないかと思います。ただ、朝倉氏が守護になるのは後半ですので、それに至る道というのが長かったとも思います。

発掘して考古学的に見ると、館の景観、特に庭などの作り方が、もともとの伝統的な守護大名と、朝倉氏のように戦国期になって成り上がってきた大名ではかなり異なります。空間構造が違うということがわかります。朝倉氏はそういう面でも研究対象として非常におもしろいと言えるのではないでしょうか。

太田　中井先生はいかがですか。朝倉という大名をどんなふうに思っていらっしゃいますか。

中井　いつも言っておりますが、私は人物にあまり興味がないというか、城にしか興味がないので。城の面から言うと、やはり先ほどの小野先生のお話にもありましたが、山の上に住むということと、下に館を持つということ。これは室町幕府から任命されている守護にはなかった姿です。

典型的なのは周防《すおう》（山口県）の大内《おおうち》氏で、館しか構えておらず、山城を持ちません。あるいは豊後《ぶんご》（大分県）の大友《おおとも》氏にしてもそうです。なかなか守護の館自体の発掘が行われないのですが、近江国では京極氏も実はそうだろうと思っています。京極氏は上平寺《じょうへいじ》の館に住んでおり、その後ろの山城は、実際には京極氏のものではなく、元亀《げんき》元年（一五七〇）に浅井・朝倉が築いた苅安《かりやす》城ではないかと思っています。山城を構えて、麓にも館を持つというのは、浅井氏や朝倉氏のように、いわゆる守護系列とは違う戦国大名のあり方を示しているのではないでしょうか。

これは先ほどの小野先生のご意見と同じで、新しい正当性を主張したのではないかと思います。私の専門の城郭史の視点からいえば、なぜ織田信長《のぶなが》が石垣と天主を持ったかというと、彼らの出自というのはたいしたものではないわけです。守護でもなく守護代でもなかった彼らが、新しい社会で支配の正当性を主張するためにそれまでと違うことをしながら、伝統的な正当性の主張も入れていく必要があった。それが山麓の館であり、山の上の城であったのでないでしょうか。さらにそれを突き進んでいったのが三好長慶《みよしながよし》で、芥川《あくたがわ》城や飯盛《いいもり》城などでは、麓に館を持たずに山城のみに住んでしまいます。

そういう意味で戦国大名として湖北を支配していく浅井氏のあり方は、見事に山麓の居館と山城という二元的な構造で、それ以前の守護とは違うと考えられるかなと思っています。

太田　文献史学のほうから言うと、それらは「戦国期守護」という言葉を用いるのですが、朝倉氏の場合だと、本来は越前国の守護は斯波《しば》氏です。そこで守護権を朝倉氏が乗っ取ると、質的な構造変換というのが起こって、守護が戦国大名になっていくのだろうと思います。具体的に目に見える形で起こっているのが山上と麓の両方に館を持つという新しい形ではないかと思います。

2　京極氏を否定できなかった浅井氏

小野　今の話をお聞きしていて思ったのは、単に下にも上にも館があるというだけではなくて、その館を丁寧に発掘した調査結果を見ると、守護系の館とそうでない館ではもう差がついていました。先ほど例に出てきた守護大友氏の館を今まさに掘っている最中ですが、あそこは街区の中、町の地割の中に館があるのですが、大通りに面して堀を持ちません。堀に面して築地《ついじ》(泥土の塀)が巡らされているのです。

朝倉氏の場合は、馬場があって、堀があって、土塁があって、石垣も築かれています。まさにあれは戦国時代の代表的な館の一つであると思うのですが、そうするとこれはもう守護の館のスタイルではなく、新しい戦国大名の館のスタイルであるといえます。

今一つよくわからないのは大内氏で、基本的には外側に堀がありません。多少土塁がありますが。先ほどの庭の問題もそうなのですが、館そのものがどんな形であるかということを含めて、彼らの意識の中の守護というものに自分たちの新しい感覚で性格づけをしたことで、まったく別の世界が作られたといえるでしょう。

それなのに、なぜか先ほどもお話ししたように、道具立てや建物、室礼の問題になると、守護系の伝統的な権威というものを自らの館にも導入しています。

太田　浅井氏の場合は、京極氏とセットのように語られるのが常で、それは北近江だと畿内近国の影響力が強いので、守護という立場がどうしても必要だったのです。だから浅井氏は守護ではないので、自身のために京極氏を戴《いただ》きながら政権を運営していたという面があって、京極氏を否定するわけにはいきませんでした。そうした浅井氏と京極氏の関係について、城郭史の視点から何か言えることがありますか。

中井　よく言われるのは、小谷城跡の中に「京極丸」という曲輪《くるわ》があるということですね。ただ、現在、用いられている「京極丸」や「本丸」という名称は、江戸時代に描かれた絵図をもとにしているのです。ただ『信長公記《しんちょうこうき》』には、木下藤吉郎《きのしたとうきちろう》（羽柴秀吉《はしばひでよし》）が「京極つぶら（曲輪）

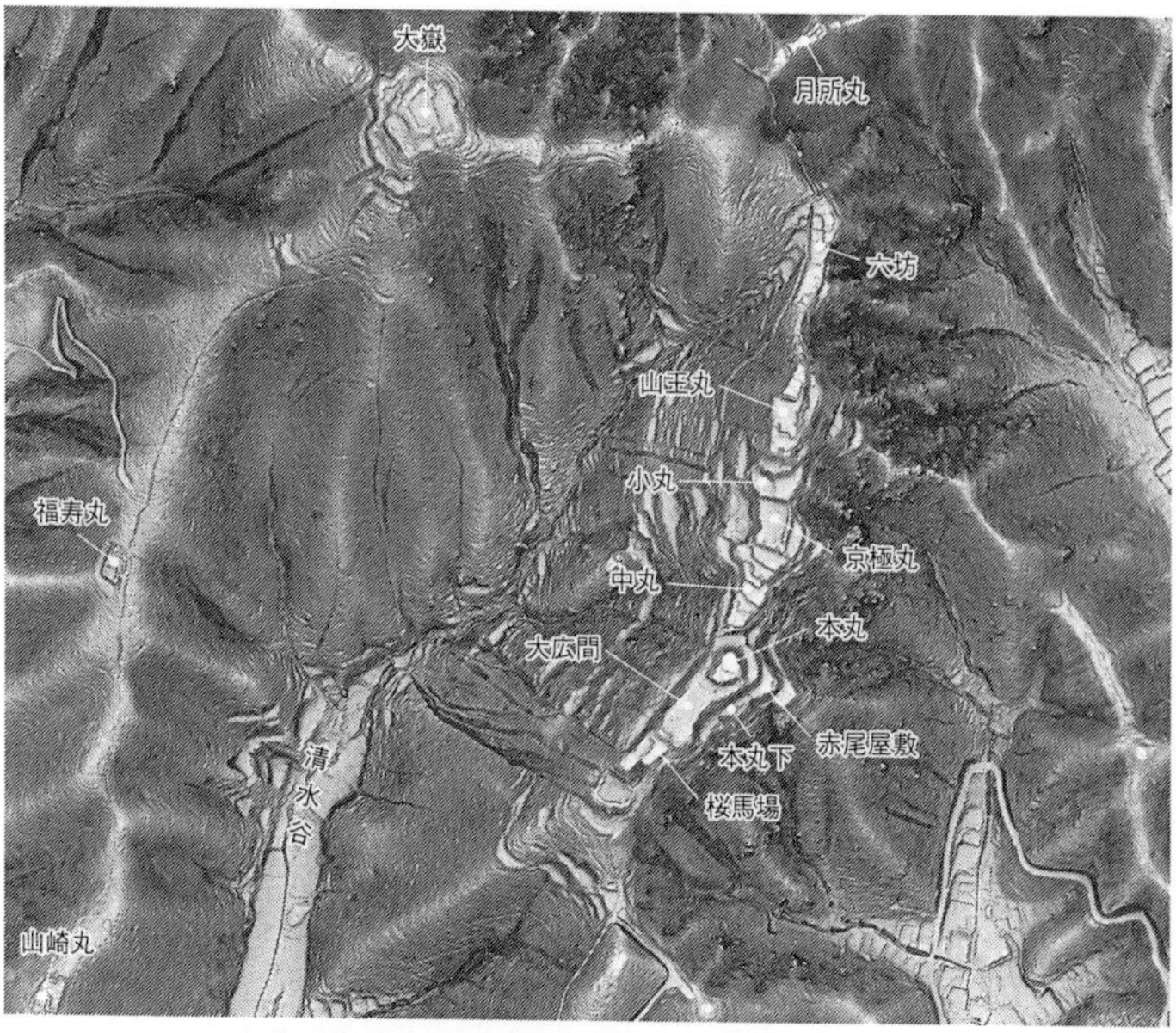

小谷城跡赤色立体地図（長浜市提供、文字を追加）

に駆け上がった」という記述がありますので、守護家である京極氏が小谷城の中で暮らしていたというのは、おそらく間違いないでしょう。

太田　いま、小谷城跡の赤色立体地図を出しました。ここが京極丸なので、下の方に本丸があります。位置関係をいうと、本丸より奥に京極丸はあります。

中井　曲輪の大きさも「大広間」に次いで大きいという規模です。ですから、生活空間はあります。それから先ほどの小野先生の陶磁器の分類でも、「大広間」とともに「京極丸」に土師器皿（かわらけ）が圧倒的に多いので儀礼の空間だろうとされていました。ここに京極高吉や高次がいたことは間違いないでしょう。
また、これは太田さんも同意見でしょうが、『浅井三代記』にあるように高吉や高次が幽閉《ゆうへい》されていたといいますか、閉じ込められていたような状態では決してないと思います。ただ、本丸より上にあることから上位の存在であることを示しているかというと、私は「本丸」とされる曲輪が、実際の「本丸」だとは思っていないので本丸より上位説には疑問です。石垣石材の規模などからしても「山王丸《さんのうまる》」が圧倒的に大きく、本丸であったと考えられます。ここを「本丸」だとすると京極丸は一段低い位置にあたります。これも浅井氏が基本的に山上で生活していた空間は「大広間」だったと思うので、それよりは一段高いところの「京極丸」で守護様に暮らしていただいていたという構造かと思います。

太田　結局、浅井氏は最後まで京極氏を否定できませんでした。そうしないと政権が持たないというところがあったからです。時間がないので深入りはしませんが。この時代の新しい守護の形、京極氏・浅井氏セットのような形や、朝倉氏も単独で求めた形に、戦国大名としての一歩を踏み出すために城郭の面でもその辺が現れていたといえるということで、いったんまとめたいと思います。

3　一乗谷の朝倉氏城下町

太田　ここで話題を変えて、今日は小野先生に来ていただいたので、一乗谷の話を少ししたいと思います。一乗谷周辺の地図を映しました。

小野　先ほどの議論の延長で、一乗谷について話してみたいと思います。一乗谷はご存知のように谷の真ん中に大名の館、朝倉館があります。そして北側に下城戸《しもきど》、南側に上城戸《かみきど》があって、その間が「城戸《きど》ノ内《うち》」と呼ばれる朝倉氏がつくった町の部分です。

一乗谷ができる前からその外側のところに町がありました。それを吸収して一乗谷という大きな城下町に組み込んだのです。朝倉氏自身がつくった城戸ノ内は、大名権力に服属している人たち、家臣団や町屋、寺院が入るところです。ですから、小谷城のように京極氏が小谷城の中に入るというのは、かなり驚くのですが、越前の場合には斯波氏が朝倉氏にとっての旧主君でしたので、北近江でいう京極氏にあたります。いろいろ調べてみると、下城戸の外側のところに斯波氏の子息が朝倉氏の庇護《ひご》を受けて含蔵寺《がんぞうじ》というお寺で育てられていました。「安波賀《あばが》の含蔵寺」といって寺の正確な位置は不明なのですが、安波賀は朝倉氏以前の十二世紀からあった湊町です。城戸の外は、朝倉氏の支配が直接的に及ばない場所なので、

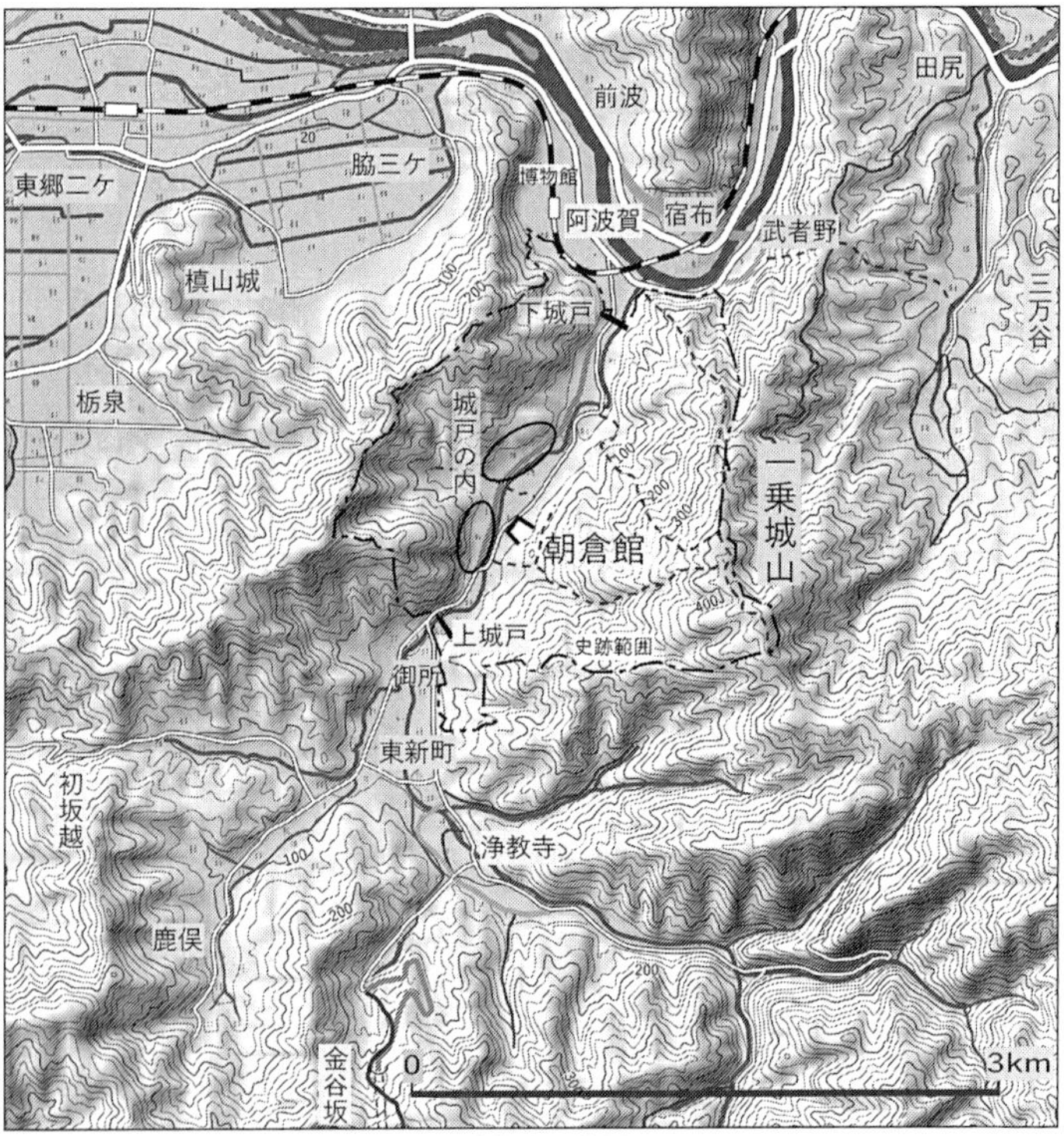
前波
田尻
東郷二ケ
脇三ケ
博物館
阿波賀
宿布
武者野
槙山城
三万谷
下城戸
栃泉
城戸の内
一乗城山
朝倉館
上城戸
史跡範囲
御所
東新町
初坂越
浄教寺
鹿俣
金谷坂
0
3km

一乗谷周辺地図

そこに自分より上位の者の屋敷などをつくったのです。例えば足利義秋《あしかがよしあき》が来た時は上城戸の外に「御所」を作り住まわせています。私たち中世の研究者が使う言葉でいえば、「公界《くがい》」と呼ばれる空間にそういうものができたのが特徴だと思います。

例えば、小田原《おだわら》へ今川氏真《いまがわうじざね》が負けて逃げてきた時、彼が住まわされたのも早川《はや》という川を隔てた反対側、つまり一乗谷の論理で言えば、城戸ノ内側ではなくて外側でした。氏真も負けたとはいえまだ遠江《とおとうみ》（静岡県西部）の守護なので、北条氏には本来主家にあたるわけですね。そうした主家をはじめとする自分よりも社会的に上位の人たちは城戸ノ内側に屋敷を構えることが基本的にないのが戦国の空間だと思います。

それでは、なぜ小谷城の場合は、京極氏の住まいがあそこにあるのかという話です。これによく似た例が、上野《こうずけ》（群馬県）の太田金山城《おおたかなやま》です。享禄《きょうろく》元年（一五二八）に横瀬泰繁《よこせやすしげ》・成繁《なりしげ》父子が主家の岩松昌純《いわまつまさずみ》を殺して実権を握るのですが、もともとの主家岩松氏の館は谷の中に置かれていたようです。横瀬氏は山城を整備して、「実城」として新しい権力の場をつくり、主家は傀儡《かいらい》的に下の館に住まわせたという例です。そこで小谷城の京極丸をどう評価するかというのは結構おもしろい話だと思います。

中井　それでいうと、小谷にいたであろう京極高吉《たかよし》と京極家自体がまだ内訌《ないこう》状態で、兄である高《たか》広《ひろ》が坂田郡あたりに別の勢力を持っています。浅井氏としては高吉を祭り上げないと高広との関係がややこしくなるというのもあったように思います。

小野　わかります。それはまさに阿波国《あわ》（徳島県）の勝瑞《しょうずい》がそうですね。阿波は守護細川《ほそかわ》氏の領国であって、もともとは細川の守護所として勝瑞はつくられます。今の板野《いたの》郡藍住《あいずみ》町というところです。館がいくつか集合しているのですが、一番大きな庭園を持っているのが細川氏の館だったろうと考えています。

ところが、家来の三好《みよし》氏がだんだん力を持ってきて、三好実休《じっきゅう》（義賢《よしかた》）が細川持隆《もちかた》を殺して実権を握るのですが、最後の最後まで細川氏の館は残すのです。守護は存在しなければならない。一国に対しての軍勢の動員などをするためには守護権が必要だったりするので、ではどうするかというと、傀儡でよいから守護をここに住まわせておこうとなるわけです。それと似た構造が浅井氏と京極氏にもあったということがわかります。

太田　これを言うと、浅井氏ファンの皆さんから批判を受けそうですが、京都に行くと浅井氏は相手にされないのです。まったく京極氏の家臣としての扱いになるのです。『二条宴乗《にじょうえんじょう》記《き》』という奈良興福寺一乗院門跡の坊官の日記を見ると、守護の名前の下に家来の国衆《くにしゅう》の名前が書かれており、浅井氏は京極氏の下の国衆の位置に書いてあります。これもしょうがないのです。京都を中心とする社会というのは、最末期まで室町幕府政権が存在していました。その中で生きるには絶対に京極氏を抱え込まないと、浅井氏にとっても湖北三郡を治めるにあたっての根拠がなくなるのです。

小野　浅井氏は、将軍家から御相伴衆《おしょうばんしゅう》などの直臣《じきしん》扱いはもらっていないのですか。

太田　もらっていません。

小野　それではダメです。基本的に主家があろうがなかろうが、将軍家や幕府と直接取引をして幕府の直臣《じきしん》であるというお墨付きを将軍からもらうわけです。そんなものは役に立たないという人もいるけれども、それがあれば、地方では「これを見ろ」と言えるわけです。将軍からもらう守護職や御相伴衆などの栄誉職と朝廷からもらう官位があれば、たとえ京極氏がいようが私も同格になりましたと言えます。それは浅井氏の戦略ミスですね。

太田　すみません。私が謝ることではないのですが、そういうことです。どうしても京極氏の権力を取り入れる必要があったということです。

それからもう一つ、山上御殿との関係をお話しいただきました。北の下城戸と南の上城戸の間に朝倉館と復元町並があって、その東の山上に一乗谷城という山城があります。これが大変な山城で、登るのに一時間くらいかかるので、私は大変きつかった記憶があります。行く人は少ないのですが、尾根上に曲輪や竪堀《たてぼり》があって、「千畳敷」と呼ばれる部分は小谷城の「大広間」にあたる部分です。これも城下町とのセットで考えなければいけないというのが、先ほどの小野先生のお話だったと思うのですが、その辺を補足いただけますか。

小野　ただ一乗谷の山城の場合は大きく二つの時期があります。朝倉氏が一乗谷に入っていったときの前半、天文《てんぶん》よりも前ぐらいの時期はかなり奥の方のあまり地形の加工のない曲輪がいくつか並んでいる辺りが中心だったとされています。次に示した縄張図のⅡ、Ⅲ、Ⅳがそれです。地図のⅠの部分は御殿もふくめて天文年間ぐらいに開発されたと思います。その頃というのはちょうど朝倉氏が下の城下町部分を含めて大々的に大改造して整備していく時期でもありました。ちょうど三代、四代ぐらいの時期で、館も含めて大きく整備されていき、そういう中で、下の館とそれから山の上のもう一つの御殿がセットでいろいろ機能していくというスタイルが確立されたのではないかと思っています。

ただ、朝倉氏の山城はまだ発掘されていないので、遺物もない現在の状況では想像でしかありません。さっき言ったように、この時期の大名クラスのもてなし空間というのは基本的に二つあって、館を舞台に幕府的な、将軍家的な儀礼に則って行うものと、もう少しくだけた形で山上御殿において人を接待するようなものがあるのではないかと思います。

太田　中井先生は、一乗谷城をどう評価されますか。

中井　よく言われることですが、その畝状《うねじょう》竪堀群と呼ばれる、爪で引っかいたようなものが一乗谷城跡には一四〇本ほどあります。これだけの数の畝状竪堀群というのは、おそらく日本で最大規模だろうと思います。これを城郭研究者は戦国最末期の最も発達した防御施設だと

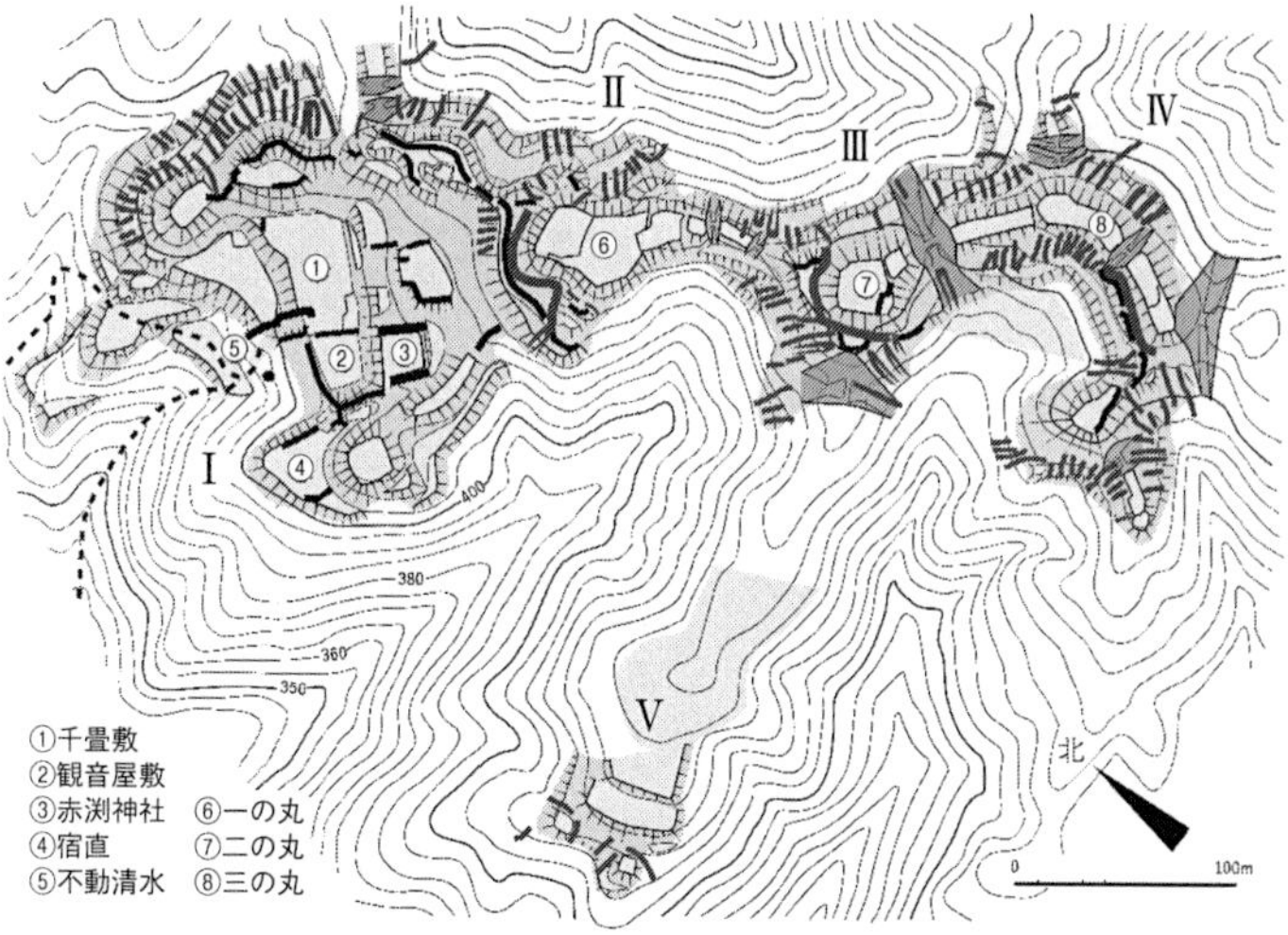

一乗谷城跡縄張図（南洋一郎 2016『一乗谷城の基礎的研究』より作図）

いうのですが、私は決してこれが戦国最末期の構造ではないと思います。

朝倉義景が元亀三年（一五七二）に小谷城を救援に来た段階で築いたであろう「山崎丸」や「福寿丸」では横堀が発達しており、一乗谷城跡のような畝状竪堀群は使われていません。それは永禄《えいろく》年間に若狭に入って国吉《くによし》城を攻めたときの朝倉軍の陣城でも畝状竪堀群は採用されていません。私は永禄以前の天文年間ぐらいの施設が畝状竪堀群だと思っています。

つまり、畝状竪堀群は戦国最後の発達した軍事施設ではなくて、次に正方形に近い曲輪を配置して、土塁に折りを設けたり、横堀を作ったり、枡形《ますがた》を作ったりしていきます。一乗谷城跡の一の丸、二の丸、三の丸は極めてシンプルな構造です。まったく矩形《くけい》になっていないし、土塁も回していないし、虎口《こぐち》もありません。私は天文年間ぐらいに築かれたまま改修されずに維持されたものではないかと思います。朝倉氏は安泰だと思っていたわけですから。

これは、甲斐《かい》(山梨県)の武田勝頼《たけだかつより》が要害山城《ようがいさん》から最後に新府《しんぷ》へ行くのと同じです。それが義景の場合は、結局何もせずにやられてしまったということだろうと思います。ですから天文ぐらいの構造でよいと思います。

太田　さっき言っていた戦国期守護の確立とほぼ軌を一《いつ》にしています。その完成形がおそらくこれであろうというふうに考えてらっしゃるということですね。

小野　だから、山上の城と下の城下町をセットで考えて、いったいあの時代に何が起きたのかというところに意味がある。城だけ、館だけと単独で見ていても語れない。そういう世界なのではないかと思います。山城も館も城下町もかなり大きく、あの時期にいろんなものが変わっていると私は思います。

太田　天文年間というと、ちょうど朝倉氏でいえば真ん中ぐらいの時代で、浅井氏では初代亮政から二代久政ぐらいの時期にあたります。その辺のところで守護から戦国大名に変わっていって、それにともない城などのあり方も新しい形に変わっていったのでしょう。

4　福井県立一乗谷朝倉氏遺跡博物館の開館

太田　一乗谷には福井県立一乗谷朝倉氏遺跡博物館も開館しましたし、北陸新幹線も通りますので、その辺りを小野先生からご紹介いただけますか。

小野　私は博物館の特別館長という役職ですが、県の施設ですので別に行政職の館長がいらっしゃるので、私は月一回ぐらい姿を現す用心棒みたいな立場です。「何か事件があった時用なので、あんまり活躍してはいけないんだよ」と言っています（笑）。

お言葉に甘えて少し宣伝させていただきますと、一乗谷には発掘して一〇年経った時に資料館が建ちました。以前、訪れた方もいらっしゃるかもしれませんが、川のすぐ脇にあった小さな資料館でした。当初、研究所だったものがそのまま資料館

福井県立一乗谷朝倉氏遺跡博物館
（一乗谷朝倉氏遺跡博物館提供）

になりました。それからまた二〇年経った令和四年（二〇二二）十月一日に新たな博物館がオープンいたしました。五〇年分の調査の成果の発信力をもっと高めようというのが目的です。

復元された朝倉氏館
（一乗谷朝倉氏遺跡博物館提供）

ぜひ実際に来館いただいて見ていただきたいのですが、施設とは別に本物の遺跡が現地で見られるようになっています。私はそれが一番の財産だろうと思っています。博物館の特徴は三つあります。一つは町屋、寺院地区の巨大なジオラマです。これほど広い面積の町屋や寺院などの街区が一つの場所で掘れたという例はほとんどありません。二つ目は館の中心部、もてなし空間の実物大の復元です。中庭をはさんでメインの部屋、先ほどの講演で説明した宴会を行った二四畳敷きの部屋が復元されています。今回の復元の範囲に入っていませんが、主殿とされる建物のメインの部屋は三〇畳敷きです。

先ほどの話にもどすと、浅井氏が京極父子をもてなした際は、浅井家側をふくめて二〇人ぐらいが一室に集まって儀礼をしたので、やはり三〇畳敷きぐらいの大きな部屋が必要なのです。そんな大きな空間は山の上では無理でしょう。やはり平地にはそういう空間があって、山の上ではもう少しくだけた形で宴会をする空間があったものと考えられます。

こちらの写真が宴会をした会所、二四畳敷きの部屋です。正面に唐絵《からえ》と呼ばれた中国の絵画が三幅一対かかっていて、三具足《みつぐそく》と呼ばれる燭《しょく》台《だい》、香炉、花生《はないけ》が置かれています。奥行きの狭い床の間みたいなものを押板《おしいた》と言います。こういう道具立ての空間、施設が必要とされました。

宴会をした会所
（一乗谷朝倉氏遺跡博物館提供）

完成してすぐの頃に、ここで結婚式の前撮りをされた方がいらっしゃいます。あそこの白く見えている一段高い畳、足利義秋が座った場所に座って夫婦二人の写真を撮影なさった人がいました。そうした自由な利用も可能です。

三つ目に、この博物館が建ったのは、先ほど少し出てきた安波賀というところです。下城戸の外側で、この博物館を作るために発掘をしたら、そこから湊の遺構が出てきました。出てきてしまったので、残せという意見と、ここ以外に博物館を建てられる土地はないという意見が対立して、すったもんだがありました。最終的にはお互いに歩み寄り、三〇メートル近くある石敷きの湊の遺構をそっくりそのまま博物館の中に露出して、保存・展示することになりました。

まさに湊は一乗谷のルーツで、この湊があったからこそ朝倉氏はここに来て城下町をつくったのです。大事な場所である湊の遺構、朝倉館の実物大復元、それから町屋地区の六メートルもある大きなジオラマ、これが当館の目玉です。

しかし、私自身は五〇年間掘った一乗谷のいろんな遺物が全部機能ごとに分類されて展示室に展示されていることこそ、本当の目玉だと思っています。こんな展示はありません。あれを見たら、戦国時代の都市の問題、生産技術や流通に関することがすべてわかると思いますので、ぜひご来館ください。

太田　中井先生、いかがですか。

中井　なんといっても考古学は、時代を限定する学問ではないのです。一般には縄文時代や弥生時代、古墳時代など原始古代を対象とするようなイメージがあるかと思いますが、今では明治時代の遺跡を発掘することがあります。要するに文字ではなく、モノで歴史を考えようというのが考古学です。昔からずっと日本の考古学は古い時代を対象としていたのが、一乗谷は昭和四十五、六年（一九七〇～七一）に発掘を開始し、まさに戦国考古学の事始めだったといえます。

私が学生時代に戦国時代の城郭を考古学的手法で研究したいと言った時は、諸先輩から、そんなことしても仕方がないよと言われたものでした。それが一乗谷の発掘と研究で変わりました。博物館の開館で、五〇年にわたる成果の集大成が展示されたことは、本当にすばらしいことだと思います。

小野先生のくり返しになりますが、展示されているジオラマはすばらしいですし、現地で保存されている石敷遺構を見ることができるというのもすばらしい。何回行っても楽しめる施設だと思います。

太田　先の小野先生のお話にもありましたが、五〇年前、六〇年前の段階では小谷城の方が、一乗谷の師匠でした。ところが半世紀たって、残念なことですが、まったく逆転して一乗谷が師匠になってしまいました。この差というのは、そこに研究機関があり、組織があり、発信する場所があったことによって決定的な違いが生じてしまったのだと思います。

小野　その辺はあまり自慢しすぎないようにしたいのですが、もう一回言わせていただければ、今後の小谷城のためにはやはりもう一回、初心に戻って、一乗谷がなぜ成功したのか、一方の小谷城はむしろ早くに国の史跡に指定されていながら五〇年前の状態で止まってしまったのかを考えたほうがよいと思います。最大の要因は、その後の調査体制、研究体制の差だったと思います。やっぱり研究者が常時そこにいて、調査を継続することが大事だと思います。

全国の遺跡の近くに資料館などの施設がたくさんできましたが、たいていは完成したら終わりということで行政が事業を止めてしまいます。一乗谷の場合は、今回の博物館にしても完成形だとは思っていません。いまも平日は博物館のメンバーが一乗谷の中で大規模な発掘調査を継続しています。私たち考古学の研究者は基本的に遺跡を掘ってそこからヒントを得て、モノを考え続けていきます。それが研究を進める最大の要因なのです。組織としてみれば、それをやらないと活動が止まって終わってしまいます。

ですから、小谷城の場合も現在、再整備、再調査の計画が議論されているようですが、現時点で明らかになっている遺構を再整備するだけでなく、末長く調査が継続できる組織をつくること、どこが活動を担っていくのかをはっきり決める必要があると思います。そうすれば、将来的な見通しも立つでしょうし、関係者のやる気も出てくると思います。私が市長ならそういう選択をいたします（笑）。

5　小谷城に見られる朝倉氏の影響

太田　今後の小谷城の発掘・研究やその体制については、もう少し突っ込んでお話ししたいのですが、今回は無理ですので、最後に小谷城ではこの辺に朝倉氏の影響があるといった話をうかがえればと思います。中井先生、いかがでしょうか。

中井　浅井・朝倉の関係では、元亀元年（一五七〇）に織田信長が美濃から侵攻してくる時に、越前衆が長比《たけくらべ》と苅安《かりやす》の要害を築いたことも例の一つにあげられます。『信長公記』に「浅井備前、越前衆を呼び越し、たけくらべ、かりやす、両所に要害を構へ候」とあるので、浅井氏が越前衆を呼んで長比城と苅安城を築いたと見てよいでしょう。

また、同書には元亀三年に朝倉義景が一万五千の兵で小谷城の救援に来たときに小谷表の「為躰《ていたらく》」を見及び、「大嶽《おおずく》」に行ったとあります。「為躰」というのは現在の言葉の「ていたらく」ではないと思います。「様子」というぐらいの意味だろうと思います。出来が悪いと言っているわけではないけれど、その様子を見て、ここでは守りきれないぞと判断し、大嶽に行ったというのです。

ですから、現存する「大嶽」の遺構は亮政の時代のものではなく、私は元亀三年の朝倉義景が来たときに改修したものだと思っています。さらに、そこから延びる尾根上に位置する「福寿丸」、「山崎丸」では矩形の土塁や枡形状虎口を構えており、朝倉氏による築城だろうと思います。

こうした縄張《なわばり》が表面観察でほぼわかるというのは、非常に貴重だと思います。おそらく浅井氏時代の遺構が残っているのは「本丸」のエリアだろうと思いますが、最近の長浜市による分布調査でわかってきたのが、全域で石垣を使っているということです。では、なぜ今は存在しないのかといえば、秀吉が長浜へ城を移した後に破城といって、城を潰しているからです。本来の小谷城はもっと多くの石垣がある、観音寺城跡に近いような姿だったのだろうと思います。

もう一つ、朝倉氏も矢穴を入れて石を割ったり、館の周りに石垣を築いたりしているので、石垣文化圏として越前と近江に共通のものがあったことです。「観音寺城は石垣」で「小谷城は土」といったイメージも、最近では成り立たなくなっているように思います。

太田　最初に示した地図は、赤色立体地図で地形がよくわかるのですが、確かに本丸あたりはとても城塞っぽくなっているのに対して、「大嶽」などはほとんど単独で存在するような感じで、やはり臨時でつくられたように感じます。

中井　それはおそらく「大嶽」を改修したときには、そこに朝倉義景がいるわけですから、こっちを攻めるよりはその大嶽沿いの郡上《ぐじょう》から続く尾根の方が圧倒的に攻めやすいので、そこを守る必要がありました。そこで新たに山崎丸と福寿丸を構えたということでいいと思います。

太田　これから浅井・朝倉同盟について話を展開するには時間がないのでやめますが、小谷城は浅井・朝倉の城づくりの合体と考えてよろしいでしょうか。

中井　おそらく最終段階はそうだと思います。朝倉氏の手が入っていると見てよいと思います。現在、美濃守護の土岐《とき》氏の本城である大桑《おおが》城の発掘をやっているのですが、城下の谷筋では「越前堀」や「四国堀」という名称が残され、朝倉氏が来て土岐氏の援助をしたことがわかります。朝倉氏には周辺の戦国大名に対して中心性みたいなものがあって、そういう関わりの仕方をしています。

太田　それも、戦国時代の変革と関わりがあるのかもしれないですね。あと、小谷城を語るさいには笏谷石《しゃくだにいし》が多いことが越前との関わりとして言われるのですが、その辺はどう評価されますか。

小野　私は決して浅井だから多いということはなくて、商売と政権は別だと考えています。基本的に戦国大名たちは、生産や商品流通、技術をコントロールするだけの能力は持っていなかったと考えています。逆に言うと、この近江一帯が先ほど言いましたように、流通の十字路としてさまざまな物資が行き交う場所だったからこそ、笏谷石も入ってくるし、そこを通って上方のものが越前にも流れるという意味で重要な場所だったと思います。先ほどの講座でも言ったように、甕、壺、擂鉢《すりばち》の産地から見たら三つ、四つの産地のものが均等に使われているというのが最大の特徴です。東国へ行けば常滑の甕壺と瀬戸の擂鉢しかない、日本海側では越前しかないというのが普通ですから。

城の話もすごくおもしろいのですが、むしろ私は近江一帯の中で、何がどれだけどのように流通していたのか、それがどのように使われたのかを調べていくと非常におもしろい成果を出せるフィールドだと思います。一番中心の京都ではまともな発掘はできませんから、京都に近くて一番発掘が進んでいて、成果を出せるのが近江だろうと思います。城関係でも、小谷城だけでなく、観音寺城も京極氏の城も安土城も掘っているので、近江国の中における小谷城の特徴は何かといった議論もできるのだろうと思います。

そういう意味で、やはり私が最初に憧れた近江が戦国時代の城郭研究や城下町研究におけるメッカであったことは間違いないと思います。それを過去形にしないためにも今の研究体制をぜひフル活用して今後に活かしていただいたらよいのではないかと思います。

太田　私としては、浅井・朝倉の同盟という政治的な話、社会経済的な流通・経済の話は、おそらく合体して考えないといけないもので、経済の話の上にどういう同盟があったのかを今後は考えていくべきではないかと思います。

6　今後の発掘調査への期待

太田　それでは本当の最後に、これから小谷城に期待したいこと、特に発掘調査に関して希望を述べていただけますか。

中井　私は小谷城跡に行くと一番紹介したいのは、実は戦国時代のものではなくて、昭和四年（一九二九）に小谷城址保勝会が黒鉄門跡に立てた石碑です。小谷城址保勝会は、大正十三年（一九二四）に設立された日本でも最も古い城跡保存団体のひとつです。そういう地元の思いに始まり、昭和四十五年（一九七〇）に発掘調査も行われたのですが、その後の半世紀が止まってしまいました。今後はがんばって一乗谷を追い越していただきたい。今山麓部分の調査も山頂部分の調査ももう一度しっかり行われるべきです。

黒鉄門跡近くに立つ小谷城址碑

また、近年の印象として登るとかなり荒れています。特にイノシシによる被害を何とかしなければなりません。「大広間」の礎石があれだけきれいに出ているのですから、それらをもう一度整備して、登った方によくわかるようにしてほしいと思います。すでに小谷城戦国歴史資料館があるわけですが、ガイダンス施設としてさらに充実した資料館をぜひ建てていただきたいと思います。

そして、そこの特別館長になれたらいいなと思います（笑）。

太田　小野先生、最後にひと言お願いします。

小野　私たちが一乗谷で発掘を始めた当初は、現地の人たちも来てもらって掘っていただきました。一番びっくりしたのは、私はよそ者ですから「朝倉がね」という言い方をしたら、「朝倉さん」と言いなさいと怒られたことです。やっぱりそのくらい地元の方にあの遺跡は大事にされていたから残ったのだなとは思いました。

この浅井氏の小谷城もまったく同じで、地元の人が愛していたからこそ、よく残ったのです。まずは原点に戻って、現状を保存しながら、その成果を確認したところで、次の新しい考古学的な見地と技術でそれに続く発掘をしていけば、いろいろな成果がもっと見えてくるのではないかと思います。

さらに言わせていただければ、城どうしのネットワークの存在も見られますので、一つの城だけではわからないことを、もっと広い目で考える材料にもなると思います。

太田　最後に私からひと言だけ。やはり主郭部分をもう少しちゃんと発掘すべきだろうと思います。本当に出るかどうかわかりませんが、庭園跡をぜひ見つけてほしいと思います。
そうした新発見によって時々花火を打ち上げて、小谷城跡はすごいのだということを知らしめれば、新資料館建設への道筋も見えてくるのではないでしょうか。まだまだ話したりませんが、これで終わらせていただきたいと思います。お二人ともありがとうございました。

■講師略歴（講座開催順）

中井　均（なかい・ひとし）

1955年、大阪府生まれ。龍谷大学文学部史学科卒業。専門は日本考古学。滋賀県文化財保護協会、米原市教育委員会、長浜城歴史博物館館長を経て、滋賀県立大学人間文化学部教授。2021年定年退職。現在、滋賀県立大学名誉教授。主な著書に、『近江の城　城が語る湖国の戦国史』（サンライズ出版）、『ハンドブック 日本の城』（山川出版社）、『戦国の城と石垣』（高志書院）など。

太田浩司（おおた・ひろし）

1961年、東京都生まれ。明治大学大学院文学研究科博士前期（修士）課程修了。専門は日本中世史・近世史。長浜市長浜城歴史博物館学芸員、同館館長、同市市民協働部学芸専門監などを経て、現在は淡海歴史文化研究所所長。主な著書に、『浅井長政と姉川合戦』、『近江が生んだ知将　石田三成』、『近世の扉を開いた羽柴秀吉』、『北近江地名考　土地に息づく歴史』（いずれもサンライズ出版）など。

高木久史（たかぎ・ひさし）

1973年、大阪府生まれ。神戸大学大学院文化学研究科修了。博士（学術）。専門は日本中世・近世史。越前町織田文化歴史館学芸員、安田女子大学文学部准教授などを経て、現在、大阪経済大学経済学部教授、同大学日本経済史研究所所長。主な著書に、『通貨の日本史　無文銭、富本銭から電子マネーまで』（中公新書）、『撰銭とビタ一文の戦国史』（平凡社）、『戦国日本の生態系　庶民の生存戦略を復元する』（講談社）など。

小野正敏（おの・まさとし）

1947年、神奈川県生まれ。明治大学文学部卒業。専門は日本中世の考古学。福井県教育庁朝倉氏遺跡調査研究所、国立歴史民俗博物館考古研究部教授、国立歴史民俗博物館副館長などを経て、現在、福井県立一乗谷朝倉氏遺跡博物館特別館長。主な著書に、『戦国城下町の考古学』（講談社）、『図解・日本の中世遺跡』（編著・東京大学出版会）、『戦国時代の考古学』（編著・高志書院）など。

はじまりは小谷城
―築城500年記念連続講座集―
淡海《おうみ》文庫72

2024年 3 月22日　第 1 刷発行
N.D.C. 216

編　集　小谷城戦国歴史資料館
発行者　岩根　順子
発行所　サンライズ出版株式会社
〒522-0004 滋賀県彦根市鳥居本町655-1
電話 0749-22-0627
印刷・製本　サンライズ出版

ISBN978-4-88325-809-3　Printed in Japan　定価はカバーに表示しています。

乱丁・落丁本はお取り替えいたします。

淡海文庫について

「近江」とは大和の都に近い大きな淡水の海という意味の「近（ちかつ）淡海」から転化したもので、その名称は「古事記」にみられます。今、私たちの住むこの土地の文化を語るとき、京都を意識した「近江」でなく、独自な「淡海」の文化を考えようとする機運があります。

これは、まさに滋賀の熱きメッセージを、自分の言葉で内外へ伝えようとするものであると思います。

豊かな自然の中での生活、先人たちが築いてきた質の高い伝統や文化を、今の時代に生きるわたしたちの言葉で語り、新しい価値を生み出し、次の世代へ引き継いでいくことを目指し、感動を形に、そして、さらに新たな感動を創りだしていくことを目的として「淡海文庫」の刊行を企画しました。

自然の恵みに感謝し、築き上げられてきた歴史や伝統文化をみつめつつ、今日の湖国を考え、新しい明日の文化を創るための展開が生まれることを願って一冊一冊を丹念に編んでいきたいと思います。

一九九四年四月一日